JN312349

金融機関のための
取引先企業の
実態把握強化法

経営計画から企業の本当の実力がみえてくる

株式会社アットストリーム［著］

社団法人 金融財政事情研究会

はじめに

　本書のテーマである「金融機関における取引先企業の経営実態把握」の必要性を、経営コンサルタントとして強く認識した事例を最初に紹介します。

成長戦略の実態把握が不十分なままで融資実行した事例

　　A社は売上高300億円前後の製造業である。各種の機械部品加工が創業以来の本業であり、利益率としては薄利ながらも順調に業容を拡大していた。ただ、本業での規模の拡大には一定の限界がみえていたため、数年前に本業の加工における要素技術を生かせる高付加価値型の部品製造という新規事業を強化することを企図した。その新規事業には工場設備の新設（国内１工場・海外１工場）を含めて多額の設備投資（約110億円程度）が必要であった。

　　A社は新規事業を中心とする事業計画を作成して金融機関への説明を行い、複数の金融機関から融資を受けた。しかし、設備投資を行って以降、事業計画で想定していた新規事業の業績計画と実績との間に大きな乖離がみられるようになり、本業の利益では埋めきれない巨額の損失が計上され、資金繰りも逼迫し、債務の返済計画の見直しが必要な状況となった。この状況下から我々コンサルタントが参画し、事業再建のためのプロジェクト（新規事業の展望、既存事業を含めた事業構造改革など）を進めていった。

　　プロジェクトにおいて、設備投資の前提となっていた新規事業の事業計画の検証作業を行った。そのなかで、以下のような事象が明らかになり、新規事業の展望については非常に厳しい判断（事業撤退の検討）をせざるをえないとの認識に至った。

・事業計画の前提となっていた大手製造業からの確度が高いとされていた受注見込案件は、実際には確度の高いものではなく、失注して

いるものが多くみられた。
- 有力な販売ルートとして期待していた商社との業務提携に進展がみられなかった。代替品の登場が想定以上に早かったことや、価格競争の激化で、商社が海外メーカーからの調達に切り替えたためである。また、業務提携の内容検討において、年間発注金額の取決め等が設定されていなかったことも判明した。
- 新規事業の開発・製造において、本業で培ってきた要素技術が生かせるということであったが、実際には、本業の顧客（一般機械部品の加工）と新規事業の顧客（ハイテク部品）とでは製品に対する要求水準のレベルが異なり、A社の技術力・対応力では顧客ニーズを満たすことはきわめて困難であった。
- 本業を含めて、A社の経営管理レベルは売上300億円前後の企業としては稚拙といわざるをえないものであった。製品の採算・原価に関する計数情報はほとんど整備されておらず、その経営はどんぶり勘定そのものであった。新規事業においても同様で、高額の設備投資の回収について、計数面からのしっかりとした検証を行ってはおらず、いわば「金融機関に提出する事業計画用の計画」を作成しているにすぎなかった。

A社は、その後、本業の業績も悪化し、新規事業については事業撤退を行わざるをえなくなった。工場設備の売却先はみつかったが、設備投資が十分に生かされることはなかった。

A社の事例から感じられることは、融資の検討段階において、もう少し踏み込んでA社の経営実態の把握や成長戦略の検証を行うことはできなかったであろうか？　というものです。技術面からの評価はむずかしい面があるとしても、事業計画の背景にある受注見込案件の確度や進捗、業務提携の実態をもう少し把握することはできたのではないか？　A社の日常の経営管理のレベルを金融機関として把握していれば、融資の前提になっている事業計画

の妥当性について疑義をもつことができたのではないか？　などです。常日頃からの経営実態の把握や成長戦略の検証の面で、金融機関側の活動や検討内容に課題があったのではないでしょうか。

将来計画がしっかり立てられていたが融資は見送られた事例

　B社は売上高40億円前後の製造業である。大手消費財メーカー向けに射出成型によるプラスチック容器の開発・製造を行っている。1990年代半ばにいち早く中国（China）に工場を展開し、国内2工場、海外1工場で運営している。

　数年前にB社はさらなる業容拡大（具体的には米国での販売強化、中国国内向け販売など）のために、中国工場ならびに一部の国内工場に追加の設備投資を行うことを企図した。投資額は3億～5億円程度であり、同社の事業規模としては適切な投資規模であると考えていた。一方、その年度においては、研究開発等本社部門への人員投資や一部主要顧客における販売額減少の影響で、B社は一時的に経常赤字となっていた。

　B社は追加の設備投資についての説明資料（販売計画、原価低減計画、投資回収見込み等）を作成し、当時のメインバンクに説明を行った。しかし、結果として融資の承認は下りなかった。経済情勢の関係でメインバンクの融資姿勢が非常に厳しくなっていたことと、直近のB社の業績が「形式基準」を満たさなかったため、審査が通らなかったとの説明であった。

　しかし、B社の場合は前述のA社と異なり、従来から堅実な経営管理が行われていた。工場別損益の予算・実績管理はタイムリーに行われ（月次5日程度）、製品別・受注単位別の正確な原価計算も行われていた。受注採算の徹底管理を行う、設備投資の回収に対しての社内レビューを徹底して行うなど、中堅の企業にしては経営管理のレベルは

高く、作成している事業計画等の蓋然性も低くはないと感じられた。しかし、融資の審査結果は上記のとおりであった。

　B社の社長・経営幹部は釈然としない想いを抱えながらも、他の金融機関に融資の依頼を行い、その金融機関からの融資で、設備投資を実行した。堅実経営のため、業容が急拡大しているわけではないが、厳しい経済環境のなかでもB社は安定成長を実現している。B社の社長はそれ以降、メインバンクに対しての考え方を見直し、いまでは取引高は逆転している。

B社の事例では、A社の場合とは逆に、日常の経営管理レベルや予算計画等の確からしさから判断すると、メインバンクはB社の融資依頼の前提にある設備投資計画をもう少し前向きに評価してもよかったのではないかということを感じました。当然、他の事情・状況が背景にあったうえでの審査判断であったとは思いますが、B社としては、ある程度の自信と算段を整えて進めていた設備投資案件についての融資を受けられなかったことで、社長・経営幹部のメインバンクに対する心証を悪化させてしまったことは事実です。

以上の2つの事例は、日常における取引先の経営実態の把握と、それに基づく将来計画の検証のレベルを高めていくことの必要性を示唆するものといえます。

　次に、金融機関の幹部のコメントで強く印象に残っているものを紹介します。

法人営業の成功の方程式

　法人営業部門の責任者が、法人営業現場の管理者に語っていた言葉です。

　ご自身の経験をふまえて、「『法人営業の成功の方程式』は何か？　それは、お客様の事業のことを徹底的に理解することである。金流（お金の流れ）・商流（モノの流れ）を知り、事業の成功要因を知り、経営者を知ることが大切

である。加えて、経営者をはじめとするお客様との人的リレーションを構築する。そうすることで、金融機関としてそのお客様に対してどのようなご支援ができるかを考え、提案することができる。そして一方で、資金使途を確認する。以上のようなある種当たり前のことを、あらためて法人営業の担当者に徹底する必要がある」

決算説明は金融機関のテスト

　もう一例、別の法人営業の幹部が、若手の法人営業担当に向けて語っていた言葉です。

　「お客様からの決算説明は金融機関のテストのようなものである。お客様は決算説明の際には１日に５つ６つと金融機関へ説明に回る。その際に、どのようなコメント・情報提供・提案をもらえるかでお客様は金融機関を評価する。自社のことをどれくらい理解してくれているか、事業環境の変化にどの程度アンテナを張っているかがそこでわかる。自社のことをよく知ってくれている金融機関をお客様は信用する。

　したがって、１つは、決算説明等の際に、過年度の決算書を必ず持参し、変化をその場で感知する準備をしておくことが必要だ。もう１つは、常日頃からお客様の事業のことに気を配り、情報収集しておくことである。そうでないと本質的なコメントはできない。金融機関がお客様に大きくお役に立てるのは何年かに１回のイベント（成長資金の融資等）しかないかもしれないが、そのためには日常的にお客様の事業をみておくことが必要なのだ」

　以上のお２人のコメントは、「事業をみる、お金の流れをみる、経営者をみる」という、金融機関の方々にとって昔から言い古された「王道」のことをいっているように思えます。逆にいえば、金融機関の現在の経営環境・業務環境においては、それら「王道」になかなか取り組めていないということの裏返しではないでしょうか。そこに、お客様の事業を知る・経営実態を把握するという「原点」への回帰の必要性を認識することができるでしょう。

本書のテーマ

　本書は次のような方々を主な読者層として想定しています。

　まず、金融機関において法人営業を担当されている方々です。金融機関のほか、証券会社やベンチャーキャピタル等において日常的に企業と接しておられる営業担当ならびに営業管理職の方々です。

　そして、事業審査や事業評価に携わっている方々です。同じく金融機関における本部組織の方々、商社や投資ファンド等において投融資のための審査・評価と、投資後の企業価値向上の支援等に携わっている方々です。

　本書はこれら金融機関の法人営業関係業務に携わっている方々が、取引先の経営実態把握をさらに強化していくための実践的なポイントを提示することをテーマとしています。

　クライアントの経営課題を分析・整理することを本業としている一線の経営コンサルタントが、実務において企業や事業の実態をどのようにして把握していっているのかについてのノウハウが本書のベースです。したがって、座学的な理論によるものではありません。また、皆様が実際の業務において活用できるように、法人営業における業務環境の実状（実態把握に取り組める時間、担当社数、日常の営業業務など）を想定して、「詳細すぎず・粗すぎず」のレベルでの実践的なチェック項目を整理しています。

　その提供するサービスは異なりますが、企業という同じ対象をお客様とする経営コンサルタントのノウハウが皆様の今後のよりよい業務推進の一助になれば幸いです。

　最後に、本書の出版にあたっては、社団法人金融財政事情研究会の石丸和弘氏ならびに株式会社きんざいの立川哲哉氏には、企画当初のコンセプト検討から内容の具体化にわたり大変お世話になりました。この場を借りて、あらためて深く感謝いたします。

　2009年10月

　　　　　　　　　　　　　　　株式会社アットストリーム　　大工舎　宏

本書のポイントと活用方法

3つのポイント

本書の各テーマ別のチェック項目の詳細は本編で述べていきますが、本書全体を通しての、取引先企業（以下、「取引先」という）の経営実態把握における主要ポイントとして、下記の3つの点をあげておきます（図表―1）。

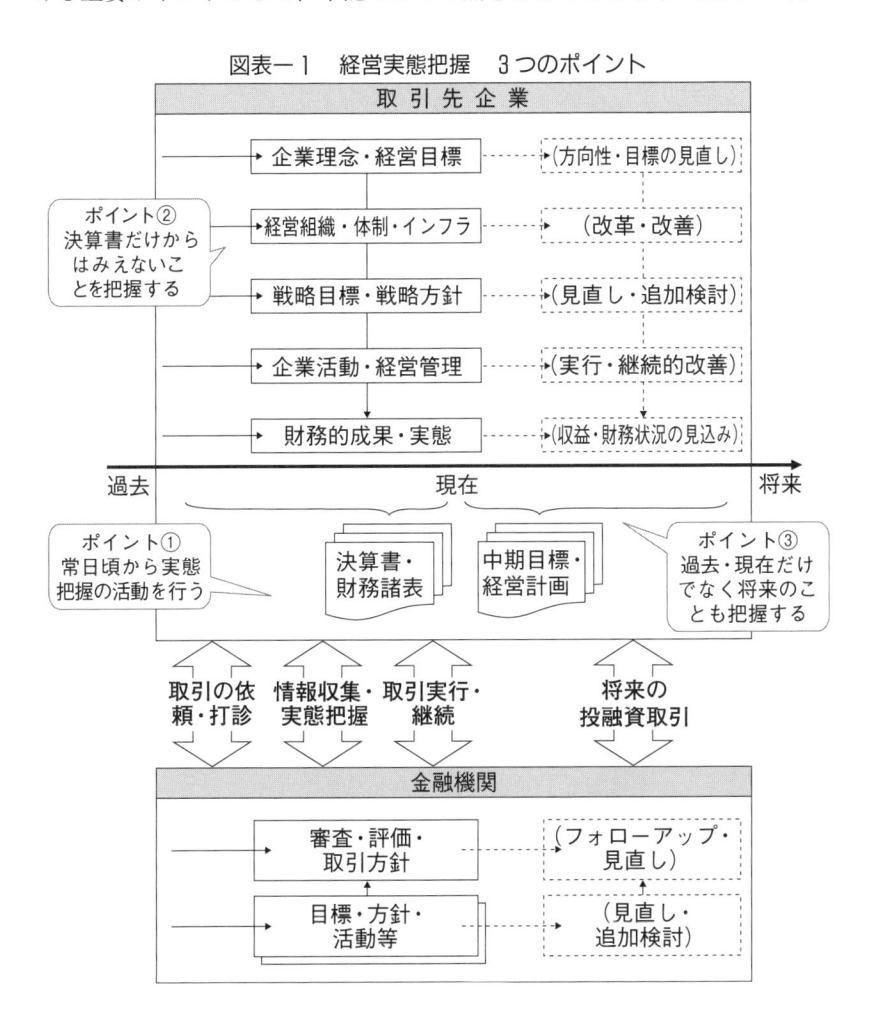

図表―1　経営実態把握　3つのポイント

取引先企業

- 企業理念・経営目標 →（方向性・目標の見直し）
- 経営組織・体制・インフラ →（改革・改善）
- 戦略目標・戦略方針 →（見直し・追加検討）
- 企業活動・経営管理 →（実行・継続的改善）
- 財務的成果・実態 →（収益・財務状況の見込み）

ポイント②　決算書だけからはみえないことを把握する

過去　　現在　　将来

決算書・財務諸表　　中期目標・経営計画

ポイント①　常日頃から実態把握の活動を行う

ポイント③　過去・現在だけでなく将来のことも把握する

取引の依頼・打診　　情報収集・実態把握　　取引実行・継続　　将来の投融資取引

金融機関

- 審査・評価・取引方針 →（フォローアップ・見直し）
- 目標・方針・活動等 →（見直し・追加検討）

1つは「日常における経営実態把握の必要性」です。ともすれば、取引先の経営実態把握は投融資の企画・審査の場面など、特定のイベントが発生する周辺時期における把握と分析に焦点が当たりがちです。本書が対象とするのは、それら「イベント」の周辺時期だけではなく、常日頃からの経営実態把握の必要性と実践のポイントについてです。日常の実態把握がしっかりできていれば、「イベント」の際に慌てて情報収集等を行わなくても、適切な審査や判断業務を行うことができるからです。したがって、各章において提示する経営実態把握のためのチェック項目の多くは、日常における取引先とのやりとりを通じて把握・確認すべきチェック項目を抽出・整理しています。

　2つ目は「決算書だけからはみえないことをみるようにする」点です。投融資等の取引がある取引先からは当然毎年の決算書等は入手しており、決算書に基づく各種の分析等は各金融機関とも実施されているでしょう。しかし、より質の高い法人営業業務を目指す観点からは、決算書からだけでは読み取れない・把握できない「経営実態」を把握することが重要であると考えます。

　我々が現場の法人営業担当の皆様と接しているなかで感じることは、決算書の分析は一定レベルで行うことができるが、決算書には現れない事項については、「何について」「どのように」取引先に確認していけばよいのかに関しての知識と経験が十分でない方々も多いのではないかということです。本書では、その点についての実践的な対応方法を提示することに焦点を当てています。

　3つ目は「過去・現在のことだけでなく、将来のことも把握する」点です。決算書は過去の事業活動の結果であり、現在の状況を表すものです。法人営業業務を行ううえで取引先の過去・現在の状況をふまえることは当然必要なことです。しかし、投融資の企画・判断を行うためには、過去・現在のことと同等かそれ以上に、「将来」についての情報の把握とその吟味・検証を、いかに質高く行うかという点が重要であると考えます。事業を発展させるための成長資金は、「将来」の事業展開に対して投融資されるものだからです。

法人営業担当の方と接しているなかで感じることは、取引先の将来の事業展開や事業計画に関する情報の把握やその内容の検証については、必ずしも十分に行えていない面が多いのではないかということです。本書では、その点についても焦点を当て、取引先の将来についての情報の把握とその検証についての実践ポイントを提示しています。

　なお、本書では、取引先の経営実態把握に関連する事項のうち、取引先の決算書等の財務分析、資金繰り計画等の作成、債務弁済計画の検証・見直しなど、狭義の財務関連領域については対象としていません。それらの領域については、すでに実務的な手順・進め方について多くの実践書が存在していると考えているためです。

本書の活用方法

　本書が活用できる場面については、次のように考えています。

　1つは、取引先企業についての日常的に経営実態把握を進めるためのチェックリストとしての活用です。「3つのポイント」においても記述しましたが、経営実態把握は、投融資の「イベント」に際して急遽行うのではなく、常日頃から取り組んでおくことが必要なのです。その際に「どのような点を常日頃からみておけばよいのか、留意しておけばよいのか、情報収集しておけばよいのか？」を考えるうえで本書は役立つと考えています。具体的には、各章の最後に添付している「チェックリスト」を、日々の取引先からの情報収集や取引先の経営幹部とのやりとりを行う際の参考視点にしていただければと考えています。

　2つ目は、取引先の経営計画・事業計画や投融資の計画の蓋然性を検証する際の検証の視点・方法としての活用です。金融機関等が投融資を行うに際して、取引先より経営計画等が提出・説明されることが多いと思われます。金融機関として適切にリスクを評価し、投融資の判断をするためには、それらの計画の蓋然性を検証していくことが求められます。本書は、そのような

検証を行う際に、「どのようなところを特にチェックすべきか、注意して確認すべきか」についての視点を提示しています。

経営計画書の検証については、今般の経済環境を背景に、金融機関として取引先に「経営改善計画」の作成・提出を求めていくことが増えてきており、今後もその必要性は増していくと思われます。本書は、それら取引先から提出される「経営改善計画」の妥当性を確認・検証していく際にも活用できます。また、金融機関は各取引先に対して債務者区分を設定しています。その債務者区分のより適切な設定・見直しを行っていくために、定性面での経営実態把握や経営計画・経営改善計画の検証をよりいっそう強化する際の視点としても役立つと考えています。

最後に3つ目として、金融機関の皆様が、取引先の経営者・経営幹部と取引先の経営課題についての認識の共有を進めていくための活用方法をあげておきます。経営実態把握や経営計画の蓋然性検証は、どちらかといえば若干投融資を行う金融機関の側からの視点に寄っています。しかし、企業と金融機関の共通の目標は企業の中長期の適切な成長と発展にあります。したがって、企業と金融機関の本来の関係は、金融機関は事業の将来性とリスクを適切に評価して成長のための資金を提供し、企業は投融資を受けるために必要な情報を提供し、状況を適宜報告し、成果をあげていくという関係です。

そのためには、企業の将来に向けての目標や経営課題、リスクを企業と金融機関との間で共有し、認識を合わせておくことが非常に重要です。このことは、これまでも企業と金融機関との間で取り組まれてきたことであるとは思いますが、変化が激しい経済環境下における企業と金融機関の関係づくりにおいては、今後さらにその重要性が増していくと考えています。本書で提示している視点やチェックポイントの多くは、見方を変えれば、企業と金融機関のよりよい関係づくりにおいて、「双方で認識を共有しておくべきことは何か」を示していると考えてよいでしょう。

目　次

第 1 章
取引先の経営実態把握の全体像

1. 経営実態把握の目的 …………………………………………………2
2. 経営実態把握の全体像 ………………………………………………2
3. 各章の概略内容 ………………………………………………………4
4. 経営実態把握の現実的な推進ステップ ……………………………8
5. 取引の段階と本書各章の利用方法 …………………………………10

第 2 章
企業概況の把握

1. 企業の全体像の把握 …………………………………………………12
   (1) 企業集団の把握 …………………………………………………12
   (2) 事業内容・ビジネスモデルの把握 ……………………………16
   (3) 事業体制の把握 …………………………………………………18

| 2 | 経営管理体制の把握 | 20

　(1)　意思決定機関 21
　(2)　業務執行体制 23
　(3)　スタッフ機能 24
　(4)　経営管理資料 25

| 3 | 過去・現在の経営成績の分析上のポイント | 27

　(1)　収益構造の分析視点 27
　(2)　会計情報をみる際の留意点 29

| 4 | 経営計画の把握 | 36

　(1)　経営計画と経営計画「書」 36
　(2)　収益目標の概要分析 38
　(3)　経営計画の策定方針の共有 39

| 5 | 経営計画の実行管理の体制・仕組みの把握 | 40

　(1)　経営計画の実行管理体制とその状況把握の必要性 41
　(2)　経営計画の実行管理の指標 42
　(3)　実行管理の体制・仕組み 46
　(4)　人材はどうか？ 51

| 6 | 取引先との関係づくりについて | 53

第 3 章
外部環境の把握

1 外部環境把握の目的 …………………………………………………60

2 業界動向の把握 ………………………………………………………60

(1) 業界動向の把握とは ……………………………………………………60
(2) 外部環境をみる視点 ……………………………………………………65
(3) 事　　例 …………………………………………………………………65

3 市場概況の把握 ………………………………………………………66

(1) 市場概況と戦略の妥当性 ………………………………………………66
(2) 市場の概況整理 …………………………………………………………67
(3) 市場の成熟度と重要成功要因 …………………………………………68
(4) 事　　例 …………………………………………………………………70

4 SWOT分析 …………………………………………………………72

(1) 機会と脅威の認識 ………………………………………………………72
(2) 強みと弱みの認識 ………………………………………………………73
(3) 機会・脅威への対応 ……………………………………………………74

第 4 章
成長戦略の確認と蓋然性の検証

1 成長戦略の確認 ………………………………………………………78

- (1) 成長戦略の方向性 …………………………………………………78
- (2) ビジネスモデルの整理 ……………………………………………82
- (3) 「勝ち方」の確認 …………………………………………………85
- (4) 実行体制と実行状況 ………………………………………………85

2 成長戦略の蓋然性の検証 ………………………………………86

- (1) 市場深耕戦略における蓋然性の検証判断 ………………………87
- (2) クロスセル戦略における蓋然性の検証 …………………………88
- (3) 新製品・新技術の開発による成長戦略の蓋然性の検証 ………90

第 5 章
売上計画の蓋然性の検証

1 売上の構造展開 …………………………………………………94

- (1) 構造展開の軸 ………………………………………………………94
- (2) 数値目標の設定 ……………………………………………………96
- (3) 事　例 ………………………………………………………………98

2 計画管理体制 ……………………………………………………101

3 売上計画と投資計画 ……………………………………………102

4 売上計画と人員計画 ……………………………………………103

5 売上計画と在庫計画 ……………………………………………105

第 6 章
費用計画・原価低減計画の検証

1. よくみられる課題 …………………………………… 108

2. 費用・原価低減計画の甘さを見抜く ……………… 109

   (1) タイプ1：問題のレベル感 ……………………… 109
   (2) タイプ1のレベル別問題の具体例・典型例 …… 109

3. 費用・原価のさらなる低減余地を探る …………… 114

   (1) タイプ2：費用・原価の低減余地のレベル感 … 115
   (2) タイプ2のレベル別問題の具体例・典型例 …… 115

4. 費用計画・原価低減計画の検証のために ………… 121

   (1) 取引先の費用・原価に影響を与える要素 ……… 121
   (2) 費用・原価の代表的な分析手法 ………………… 126

第 7 章
設備投資と経営計画の関係の確認

1. 設備投資計画検証の視点 …………………………… 130

2. 設備投資に存在するリスク要因 …………………… 132

   (1) ロジックと根拠の確認 …………………………… 134
   (2) 前提の確認 ………………………………………… 135

3 設備投資の必要性・経営計画への影響の把握……………………136

(1) 設備投資の必要性の検証………………………………………………137
(2) 設備投資が経営計画に与える影響……………………………………139

4 設備投資計画の実行能力の検証………………………………………140

第 8 章
資金計画の検証

1 資金計画の目的……………………………………………………………144

(1) 資金計画作成の目的（取引先側の視点）……………………………144
(2) 資金計画検証の目的（金融機関側の視点）…………………………144

2 資金計画と経営計画………………………………………………………144

3 資金計画と経営計画の突合せと検証の必要性………………………145

4 資金の流れから経営計画を検証する…………………………………148

(1) 運転資金…………………………………………………………………148
(2) 固定資産…………………………………………………………………149
(3) 資金調達計画……………………………………………………………149

5 モニタリングの実施………………………………………………………150

(1) 取引方針変更の判断……………………………………………………150
(2) モニタリングのポイント………………………………………………151

付　録
経営計画書のひな型

1　付録の目的・使い方 …………………………………………156

2　全体概念図 …………………………………………………157

3　経営計画の体系 ……………………………………………157

4　経営計画の記載項目の一覧 ………………………………159

5　経営計画書のひな型 ………………………………………162

6　経営計画書からの本書各章の索引 ………………………169

おわりに …………………………………………………………173
執筆者紹介 ………………………………………………………178

第1章

取引先の経営実態把握の全体像

　本章は本書全体の序章として、金融機関として取引先の経営実態把握を行うことの目的と経営実態把握の全体像について、各章の概要を紹介しながら説明しています。
　経営実態把握に求められる要素の概要を理解することや、本書の内容を概観する際に役立ててください。
　忙しい読者の方々においては、本章の内容を参考にして、必要と思われる章から読み進めていただくことをお勧めします。

1　経営実態把握の目的

　金融機関は、取引先に対して取引先が事業を行ううえで必要となる成長資金・運転資金を提供するという「投融資取引」を事業・業務の核としている。したがって、経営実態把握を行うことの目的は、これら投融資取引の実行と管理と関連してとらえることができる。

　その1つは、投融資取引の企画・審査判断の段階にある。取引先の事業推進にとって必要で、かつ、金融機関にとって回収ないしは返済の確実性が高い投融資を行うためにという目的である。簡単にいえば、「将来焦げ付かない投融資を行うために」である。

　もう1つは、投融資取引の実行後の回収・返済の段階にある。取引先にとっては「提供を受けた資金をもとに適切に事業を行い、成果をあげ、さらなる中長期の発展につなげていくために」であり、金融機関にとっては、「投融資した資金が着実に回収・返済されるべく、取引先の事業の状況を適時に把握し、状況によっては取引先に経営改善策の実行を促していくために」という目的である。簡単にいえば、「すでに行った投融資が焦げ付かないために」である。

　本書で述べている経営実態把握の構成要素も上記の目的を達成するための視点から設計されている。

2　経営実態把握の全体像

　図表1－1を参照いただきたい。経営実態把握の全体像と本書の章立ての全体構成を示している。

　先に述べた2つの目的のいずれにとっても、まずは取引先の「企業概況を把握」しておくことが必要である。特に、新規の取引先の場合や、成長資

図表1－1　経営実態把握の全体像

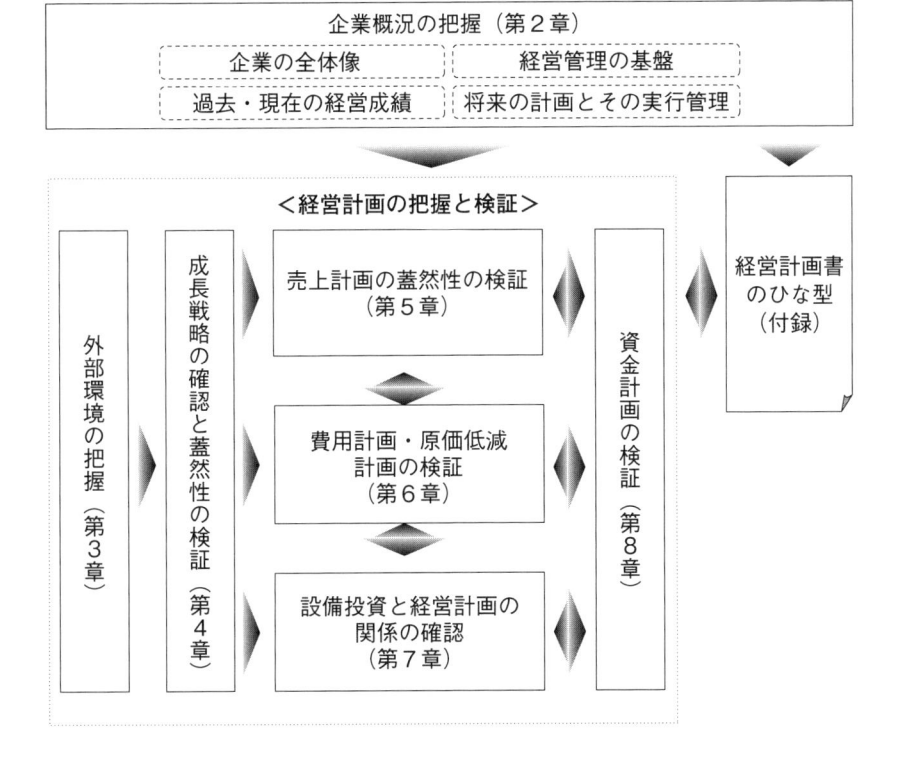

```
┌─────────────────────────────────────────────────┐
│            企業概況の把握（第2章）                │
│  ┌──────────────┐    ┌──────────────┐         │
│  │ 企業の全体像 │    │経営管理の基盤│         │
│  └──────────────┘    └──────────────┘         │
│  ┌──────────────────┐┌──────────────────────┐ │
│  │過去・現在の経営成績││将来の計画とその実行管理│ │
│  └──────────────────┘└──────────────────────┘ │
└─────────────────────────────────────────────────┘
                                            │
        ＜経営計画の把握と検証＞              ▼
┌──┬──┬──────────────┬──┬────────┐
│外│成│              │資│経営計画書│
│部│長│売上計画の蓋然性│金│のひな型 │
│環│戦│の検証         │計│（付録） │
│境│略│（第5章）      │画│         │
│の│の│              │の│         │
│把│確│  ↕           │検│         │
│握│認│              │証│         │
│（│と│費用計画・原価低│（│         │
│第│蓋│減計画の検証   │第│         │
│3│然│（第6章）      │8│         │
│章│性│              │章│         │
│）│の│  ↕           │）│         │
│  │検│              │  │         │
│  │証│設備投資と経営計│  │         │
│  │（│画の関係の確認 │  │         │
│  │第│（第7章）      │  │         │
│  │4│              │  │         │
│  │章│              │  │         │
│  │）│              │  │         │
└──┴──┴──────────────┴──┴────────┘
```

金・設備資金に対して初めて投融資を行うような場合には、企業概況から把握していくことが必要となろう。そのために、第2章において、金融機関として行うべき企業概況の把握のポイントを整理した。経営実態把握の全体像の図表の上部がこれに相当する。

次に、「取引先の経営計画の把握と検証」を行っていくことを経営実態把握の大きな構成要素としている。成長資金や設備資金に対しての投融資については、通常それに係る事業に関する計画があるはずである。したがって、金融機関が適切な投融資の判断・審査を行うためには、取引先の経営計画や事業計画を把握し、その妥当性や蓋然性を検証していくことが必要である。

運転資金提供の場合も、運転資金が必要となる背景としての経営計画が把握・検証されていることが望ましい。取引先によっては経営計画が明確に策定されていない場合もあると思われるが、経営計画の有無を把握していく点を含めて経営実態把握の必要要素であると考えている。

そのために本書では、経営計画の把握と検証について、経営計画の構成要素（売上計画・費用計画等）や経営計画策定の背景（取引先の事業の外部環境、取引先の事業戦略等）ごとに、把握・検証のポイントを整理した。第3章から第8章がこれに相当する。

3　各章の概略内容

各章の概略内容は、以下のとおりである。

第2章「企業概況の把握」では、先に述べた経営実態把握の2つの目的に対応して、以下の4つの側面から企業の概況を把握していくことの必要性とポイントを説明している。

- 企業の全体像：企業集団の基礎情報、事業内容、事業体制等
- 経営管理の基盤：意思決定機関、業務執行体制、スタッフ機能、経営管理資料等
- 過去・現在の経営成績：収益構造の分析視点、会計情報をみる際の留意点等
- 将来の計画とその実行管理：経営計画の把握、経営計画の実行管理の体制・仕組み等

第3章「外部環境の把握」では、取引先が外部環境を十分に認識したうえで事業を行っているかどうかを確認する方法を提示している。取引先が戦略を立案するにあたっては、正しく外部環境を把握していることが不可欠であり、外部環境の認識を誤ると、戦略の妥当性を確認できなくなってしまうからである。具体的には、確認を行う際のフレームワークとして、「ファイ

ブ・フォース分析」「市場構造分析」「SWOT分析」の3つのフレームワークを提示している。

「ファイブ・フォース分析」は、取引先が属する業界の周囲で起こっている変化を整理するもので、特に、既存のビジネスに深刻な脅威を与える変化を見逃さないようにするためのものである。

「市場構造分析」は、取引先が属している業界の市場の規模やシェアの状況を整理し、市場で勝ち抜くための定石を確認するものである。取引先の戦略は市場動向に沿ったものであるかを検証する際に有効である。

「SWOT分析」(強み・弱み・機会・脅威の整理) は、外部環境の変化に対して、取引先自身の強み・弱みを加えて検討することにより、取引先の戦略のオプション (選択肢) を考えていくものである。

第4章「成長戦略の確認と蓋然性の検証」では、取引先が企図している成長戦略を金融機関として客観的な視点から検証する方法について整理している。検証のステップは、「成長戦略の概要把握」「ビジネスモデルの理解」「勝ち方の整理」「実行体制・状況の確認」である。

取引先から聴取した成長戦略を構造的に整理するためのフレームワークとして、「アンゾフの成長ベクトル」と「4C分析」を提示している。

「アンゾフの成長ベクトル」は、成長の方向性を、市場・顧客軸と事業・製品軸の2軸、つまり「だれに何を売ろうとしているか」の視点で整理していくものである。市場・顧客軸、事業・製品軸のそれぞれに既存領域と新規領域の大きく2つの領域があり、結果として成長戦略は4つの方向性 (市場深耕戦略・市場開拓戦略・クロスセル戦略・多角化戦略) に分類される。

「4C分析」は、事業における主要プレイヤーである「顧客 (Customer)」「自社 (Company)」「協力会社 (Co-operator)」「競合 (Competitor)」の視点からビジネスモデルを整理・分析するものである。

2つのフレームワークの活用法を述べたうえで、成長戦略の4つの方向性のそれぞれの概略と妥当性確認の検証ポイントを事例も交えながら説明して

いる。

　第5章「売上計画の蓋然性の検証」では、取引先から提示された売上計画の蓋然性の検証方法について述べている。正しい手順で計画が作成され、進捗管理されているかという視点から、売上計画が信頼に足るものであるのかを検証していくための確認点を整理している。具体的には、「取引先の売上計画は、『市場・顧客』別、『事業・製品群』別に明確に設定されているか」「目標値には十分な根拠があるか」「計画を達成する施策は検討されているか」「売上計画は適正にモニタリングされているか」についての確認点である。

　また、売上を拡大するには、投資や人的資源の充実が必要となる場合が多い。売上計画を実行するにあたり、取引先の設備や人材が十分であるかを確認する視点も提示している。在庫計画についても、売上計画との関連性の視点からの確認点を述べている。

　第6章「費用計画・原価低減計画の検証」では、取引先の費用計画・原価低減計画を、金融機関として客観的な視点から検証する方法について整理している。取引先の費用計画・原価低減計画においてよくみられる課題を大きく2つのタイプに分けている。1つは「計画が楽観的すぎる（実現性が低い）場合」であり、もう1つは「より厳しい計画を立案する必要がある（実現可能だが、利益への寄与が少なすぎる）場合」である。そのうえで、それぞれのタイプにおける代表的な問題や、それを見抜くための勘所などについて、具体例を交えながら説明している。

　さらに、取引先の費用計画・原価低減計画の蓋然性を検証するために必要な情報と方法としてどのようなものがあるかを提示している。企業の費用・コストに影響を与える要素には何があるかを体系的に整理したうえで、一般には見落としがちなポイントを整理している。また、取引先の費用構造の特徴の把握やコストダウンの余地を探るための一般的な分析手法も紹介している。

第7章「設備投資と経営計画の関係の確認」では、取引先の経営計画を検証していく際に、設備投資の側面から経営計画を検証していくことの重要性とその方法について述べている。

企業が長期にわたって成長していくためには一定の設備投資が必要である。そして、一般的に設備投資は、5年先・10年先といった中長期の将来を見据えて計画・実行され、必然的に投資金額も大きなものとなりやすい。その結果、投資実行後は固定費が増大し、事業が計画どおりに進展しなかった場合は、取引先ならびに金融機関に与えるリスクはきわめて大きいものとなる。つまり、長期にわたってプラスにもマイナスにも大きな影響を与えうる点が設備投資の特徴である。しかし一方で、事業の将来についての完璧な予測は不可能であり、リスクの伴わない設備投資は存在しない。そこで、金融機関が設備投資計画の妥当性を検証するために、「設備投資に関するリスク要因」と「設備投資が企業に与える影響」を把握することの必要性とポイントを説明している。

最後に、第8章「資金計画の検証」では、取引先の経営計画の検証の仕上げとして、資金計画に焦点を当てている。資金の融資を主な事業とする金融機関にとって、投融資先の資金計画――何のために、いつ、いくらの資金が必要となり、どのように返済するのか――は非常に重要な情報である。また、資金計画は、売上計画・費用計画・設備投資計画などの各種の計画を資金の流れという視点から計画化しているものであり、資金計画を検証することは経営計画を検証することとほぼ同義といってもよい。

一方で、経営計画はチャレンジングな達成目標として策定されることが多いのに対し、資金計画は保守的に策定されるという、相反する側面をもっている。したがって、資金計画からさかのぼって経営計画を検証し、資金計画と経営計画のギャップを把握することにより、取引先自身が認識している経営計画のリスクを把握することが可能となる。以上をふまえて、資金計画の検証の視点と進め方を整理している。

さらに本文各章に対する付録として、「経営計画書のひな型」を添付している。経営実態把握や経営計画検証を進めるうえでは、取引先が作成する経営計画書が重要な情報源の1つとなる。一方で、取引先から提出される経営計画書は多種多様である。記載項目・記述レベル・様式など、取引先によっても、あるいは年度によっても異なる。

そこで、取引先が作成する「経営計画書」そのものに焦点を当て、一般的な経営計画書の体系や、盛り込まれていることが望ましい記載項目についての理解を深めることで、取引先に経営計画書の作成を依頼する際や、経営計画を検証する際の参考になればと考えた。付録では以下のものを整理・提示している。

　○一般的な経営計画の体系
　○経営計画における一般的な記載項目の一覧表
　○経営計画書の一般的なひな型
　○経営計画書からの本書各章の索引

4　経営実態把握の現実的な推進ステップ

上記で述べた経営実態把握ならびに本書の全体像をみると、読者の皆様は、このような経営実態把握をすべての取引先に、網羅的（すべての要素を把握する）、同時的に行わないといけないと思われるかもしれないが、実務上の推進方法としてはそうではないと認識している。

まず、経営実態把握は一気に、急速に進むものではない。日常の取引ややりとりを通じて徐々に進展していくものであると考えている。もちろん、投融資の判断・審査のために取引先に関する情報を短期間で収集する必要性がある場面もあると思うが、「はじめに」や「本書のポイントと活用方法」においても述べたとおり、日常的な経営実態把握の活動のほうがむしろ重要である。金融機関と企業との関係は中長期での関係を前提とするものである。

したがって、相互の関係強化と取引の深化を図りながら、中長期のなかで徐々に実態把握と相互理解を進めていくことが本来望ましい。

　次に、経営実態把握の要素・項目（何を把握すべきか）についても、すべてを同時に把握する必要はない。取引先との関係や取引検討上の必要性に応じて、把握・検証の対象を広げていくことになろう。通常は、企業概況に関する情報を把握するところから始まり、その後重要な成長資金や設備資金の取引の具体化に応じて、経営計画等の把握・検証に進んでいくものと理解している。特に、第2章「企業概況の把握」で述べている把握事項等については、すでに各金融機関においても取り組まれていることが多いのではないかと思われる。本書の内容を参考にしていただきながら、現在の取組みや把握事項に対して、付加していく形で活用いただければありがたい。

　経営実態把握を行う対象取引先についても同様である。すべての取引先に対して本書で述べているような経営実態把握を同じレベルで実行することは想定していない。経営計画の把握・検証にまで踏み込んで実態把握を行う取引先は、各金融機関にとって、いわゆる重要な取引先に絞られるであろうと考えている。

　経営実態把握の現実的な推進ステップ・レベルについては上記のとおりであるが、一方で、取引先との関係づくりを含めて、取引先の経営実態把握を時間とともに「深化」させていくという目線を持ち続けるという点については、本書のテーマとあわせてあらためて深く理解いただきたい。本章の冒頭で述べた「経営実態把握の目的」の視点からも、そして、金融機関の社会的使命・存在意義の視点からも、投融資取引の対象である取引先（お客様）の経営や事業の実態を適切に把握・理解することは必要不可欠なことであると考えるからである。

5　取引の段階と本書各章の利用方法

　最後に、金融機関と取引先の一般的な取引の段階ごとに、特に参考になると思われる各章との関係について整理しておく。

　新規取引の開始時には、第2章・第3章・第5章・第8章などが参考になる。新規取引の開始時は、取引先が行っている事業や業界についての理解、資金面からみた取引先の状況などを把握することが重要だからである。

　運転資金の融資取引に際しては、第6章・第8章などが参考になる。費用面を中心に取引先の日常の業務がどのように行われているかを、資金の面と絡めて把握することが必要だからである。

　成長資金・設備資金融資時には第4章・第7章・第8章などが参考になる。資金ニーズの背景にある取引先の事業戦略を把握・理解すること、設備投資等の内容とそのリスク要因を把握すること、設備投資等と経営計画全体との関係性を整理しておくことの重要性が高いからである。

　各章で述べている事項は、言い換えれば、「金融機関として取引先からどのような情報を入手していくべきか」を整理していることだととらえていただいてもよい。取引の段階や状況に応じて、各取引先に対してその時点で何が把握できていて、何が把握できていないのかを認識し、そして今後何を把握していく必要があるのか、を整理することに活用いただけると思う。各章の末尾に記載している「チェックリスト」は、取引先についての把握情報の整理と以降の情報収集方針の検討材料として活用できると考えている。

第 2 章

企業概況の把握

　本章は、経営実態把握の導入として、金融機関が取引先の「企業概況」の把握を行う際に必要な視点について述べていきます。取引先の概況を把握するためにどのような情報を入手すべきか、その際の留意点は何か、という視点からの整理です。

　前半では、主に取引先の現在の概況を把握するための視点にフォーカスしています。

1　「企業の全体像」：企業集団の把握、事業内容・ビジネスモデルの把握、事業体制の把握等
2　「経営管理体制」：意思決定機関、業務執行体制、スタッフ機能、経営管理資料等
3　「過去・現在の経営成績」：収益構造の分析視点、会計情報をみる際の留意点等

　後半では、取引先の将来に向けた目標・計画の側面からその概況を把握するための視点にフォーカスしています。

4　「経営計画の把握」：経営計画と経営計画「書」、金融機関にとっての必要性、収益目標の概要分析等
5　「経営計画の実行管理の体制・仕組み」：PDCAの体制、会議体、人材等

　また、本章の末尾では、取引先の経営実態把握や情報入手を進めていくうえでの金融機関と取引先との関係づくりについて触れています。

1　企業の全体像の把握

　企業概況の把握の第一歩として、企業体の全体像を把握していく際の主要な視点について、(1)企業集団の把握、(2)事業内容・ビジネスモデルの把握、(3)事業体制の把握の順で述べていく。

(1)　企業集団の把握

　近年、中堅企業・中小企業においても子会社や関連会社を所有していることは珍しいことではない。そのため、経営計画の妥当性・蓋然性を判断する場合や取引先の経営状況を確認する場合にも、取引先が作成・提出している経営計画の対象範囲、すなわち、経営状況を把握しておくべき企業集団の範囲の妥当性を検証しておく必要がある。本項では、取引先の企業集団の範囲を検討する視点として資本関係、資金関係、債務保証関係の３つについて説明している。

①　資本関係

　資本関係は大きく２つに分けることができる。１つは株主、もう１つは出資先である。
　まず、株主についての確認ポイントは、取引先の株式の所有関係からみて安定した経営が期待できるかという点である。具体的には、株主の名称、持株数、議決権比率、支配している特定の株主もしくは株主グループの存否、主な株主と取引先との関係の良否、株主間の関係の良否、出資目的などを把握する。
　図表２−１は資本関係の把握・整理の一例である。
　次いで、取引先の出資先についての確認ポイントは、投資目的が明確であり、その目的に見合った管理体制を敷き、投資先を適切にマネジメントして

図表2－1　資本関係図、出資者一覧表
〈X社に関する資本関係図〉

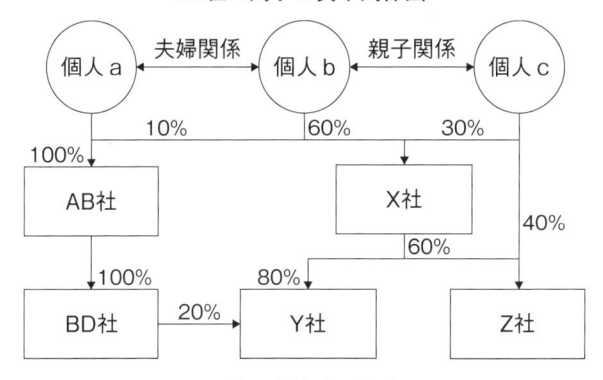

```
   個人a ──夫婦関係── 個人b ──親子関係── 個人c
    │         10%  │  60%       30%  │
    │100%           │                 │
    ▼               ▼                 │
   AB社            X社              40%│
    │              │60%              │
    │100%     80%  ▼                 ▼
    ▼      ┌───→  Y社               Z社
   BD社 ──20%─┘
```

〈X社の出資者一覧表〉

出資者	出資目的	出資金額	出資の内容	出資比率
個人 a	経営目的	200千円	普通株式	10%
個人 b	経営目的	1,200千円	普通株式	60%
個人 c	経営目的	600千円	普通株式	30%

いるか、また投資に回収不能のおそれが生じていないかである。具体的には、出資先の名称、出資比率、出資目的、創業者や役員等との人的関係の有無、管理体制、出資以外の取引の有無、出資先の経営状況などを把握する。

　確認の結果、出資目的が判然としない出資先が見出された場合には注意が必要である。ここで1つ実例をあげておく。ある企業が、本業とは関係のない子会社を、経営する意思がないにもかかわらず所有しており、経営状況の把握を行うことなく、求められるままに運転資金の不足を貸付で填補していた。そして、親会社の知らない間にその子会社は破綻し、その破綻処理で親会社は大きな損失を被ることとなったのである。

　実務上、取引先のすべての出資先の管理状況まで詳細に情報を得ることは困難かもしれない。しかし、取引先の事業上重要な子会社等については少しずつでも出資目的、管理状況等を聞き出していくことが望ましい。

② 資金関係

　資金関係も大きく2つに分けることができる。1つは貸出先、もう1つは借入先である。

　まず、取引先とその貸出先との関係についての確認ポイントは、貸付金回収が滞ることが、ひいては取引先に対する金融機関の投融資の回収原資を脅かすこととなる可能性がないかどうかである。具体的には、貸出先の名称、創業者や経営者等との人的関係の有無、融資以外の取引の有無、貸出金額、貸出条件、貸付金の使途などを把握することである。

　次いで、借入先との関係についてである。取引先に他の借入先が存在することは、金融機関が提供している融資額だけでは資金が不足していることを意味している。すなわち、借入先の動向次第では、取引先から追加資金の提供を求められたり、取引先が破綻する可能性があるため、借入先の動向を把握することが必要となる。具体的には、借入先の名称、創業者や経営者等との人的関係の有無、借入取引以外の取引の有無、借入金額、借入条件、借入金の使途などを把握する。

　また、貸出先と借入先に同一の相手先がある場合は、資金融通の可能性があるので、資金の貸借取引の経緯や意図なども確認する必要がある。

　資金関係の情報を入手する場合、融資条件などの細かい情報は入手が困難な場合も少なくないと思われる。しかし、取引先にとって多額の金額の貸出先・借入先については、平素から経営状況、取引先との関係の良否などの動向の把握に努めることが肝要である。

　図表2－2は資金関係からの把握・整理の一例である。

③　債務保証関係

　債務保証関係も大きく2つに分けることができる。1つは債務保証先、もう1つは取引先の債務についての保証人である。

　まず、取引先とその債務保証先との関係についての確認ポイントは、債務

図表2－2　債権債務関係一覧表

債務者＼債権者	A 社	B 社	C 社	D 社
A 社	—	売掛金　××千円 貸付金　×××千円 （A社借入金　○××千円　差異あり）		売掛金　××千円 受取手形　××○千円 （A社支払手形×○×千円　差異あり）
B 社	貸付金　○○千円	—		
C 社	売掛金　××千円 （C社買掛金×○×千円　差異あり） 貸付金　×××千円	売掛金　××千円 仮払金　×××千円 （C社借受金　○××千円　差異あり）	—	売掛金　××千円 差入保証金　○○×千円
D 社			売掛金　××千円 立替金　×××千円 （D社　該当債務なし）	—

者の破綻等により取引先が保証債務を負担することとなり、ひいては金融機関の投融資の回収に影響が出ることがないかどうかである。したがって、取引先が債務者の状況を適時に確認しているか否かということが重要なポイントである。具体的には、債務者の名称、創業者や経営者等との人的関係の有無、保証金額、債務保証の種類、債務保証取引以外の取引の有無、債務者の状況等を把握する。

　次いで、取引先の債務についての保証人の確認ポイントは、金融機関の投融資に関して取引先からの回収が不可能となった場合に、保証人が返済資力

を有しているか、である。金融機関は融資に際して保証人の審査を行っているが、保証人の状況が変化していないかを随時確認しておくことが必要である。実際に、債務者が破綻したため、保証人に請求したところ、保証人が死亡していた事例もある。

　資本関係、資金関係、債務保証関係のそれぞれを個別に把握するだけでなく、この３つの視点で把握・分析した資料を突き合わせてみていただきたい。それにより、取引先を中心とした企業集団をどの範囲でとらえるのが妥当なのか、投融資の回収の観点からすると、どの範囲をモニタリングの対象とするのが妥当なのかの検討材料とすることができる。
　そして、その検討結果をふまえて取引先と話し合い、日常において財務状況や経営計画をやりとりする対象範囲の合意ができるようになるとよい。

(2)　事業内容・ビジネスモデルの把握

　取引先の事業内容やビジネスモデルを把握することは、取引先の収益の源泉、金融機関にとっては投融資の回収原資がどのように生み出されるのかを把握することであるため、当然ながら非常に重要である。

①　事業内容の把握

　事業内容を平易にいえば、企業の提供している製品・商品・サービスは何かということである。しかし、それだけでは単に「電子レンジをつくっている会社である」というだけの説明に終わってしまう。そこで、事業内容を把握するという場合、金融機関として把握しておくべき内容を明らかにしておく必要がある。
　金融機関が取引先の情報を収集するのは、投融資の回収可能性に影響がないかを確認するためである。したがって、取引先の事業内容を把握する場合には、提供する製品・サービスが何かだけではなく、事業はどのような業界

に属するのか、どのような業界の影響を受ける製品・サービスであるのかなどまで把握しておくことが必要である。それにより、取引先の外部環境を把握・評価することが可能となるからである（外部環境の把握については、第3章でさらに説明する）。

さらに、取引先が属する業界特有の商取引・商習慣・会計慣行などもあわせて把握していきたい。これらの情報は、取引先から提供される情報を正しく理解するための基礎知識となる。

なお、企業が複数の事業を行っており、それぞれの事業が異なる業界に属している、ないしは影響を受ける業界が異なる場合は、それぞれの事業ごとに上記の情報を把握することが必要である。

② ビジネスモデルの把握

事業内容の把握をもう一歩進め、取引先の事業の「ビジネスモデル」を把握できるとさらによい。ここでいう「ビジネスモデル」とは、「利益を生み出す仕組み」と考えていただければよい。「だれに」「何を／どのような価値を」「どのように／だれの協力を得て」提供しているのか、そして、「競争相手はだれなのか／競争相手との違いは何か」である。

金融機関にとって取引先のビジネスモデルを把握することは、事業の重要成功要因や事業のリスクにつながる要因は何かを認識することにつながる。それにより、取引先に関して日常においてどのような事項に留意しておかなければならないかが具体化する（ビジネスモデルの把握・整理の方法については、第4章でさらに説明する）。

なお、取引先が複数の事業を行っている場合で、各事業の間になんらかの関係がある場合は、取引先のビジネスモデルにおける事業間の関係を整理しておくことも必要である。

(3) 事業体制の把握

　事業内容・ビジネスモデルの把握を企業内部にまで踏み込み、取引先の事業体制を確認するところまでできるとさらによい。金融機関にとって重要な取引先であったり、重要性の高い投融資取引の判断を行うような場合には、事業体制についての把握も必要となる。

① 事業体制とビジネスフロー

　事業体制がどうなっているかを把握するにあたっては、手っ取り早く組織図をみるというケースが多いのではないだろうか。事業体制を組織体制と同義と考えるとそのとおりである。しかし、組織は事業を効率的に遂行するために形づくられるものであるから、事業体制の把握にあたっては、組織図の確認に加えて、事業を行うための業務や仕事の流れを俯瞰することも付け加えたい。

　業務や仕事の流れを俯瞰するためには、ビジネスフローを確認する方法がよい。ここでのビジネスフローとは、製造業を例にあげると、事業活動を受注、購買、生産、出荷、販売という具体的な業務機能や活動に分解し、各業務機能での業務内容や関係者等の重要なファクターを整理したものである。図表2－3はビジネスフローのイメージ例である。

　図表2－3の横軸は主要な業務機能や活動であり、縦軸は把握・整理すべき内容である。具体的な活動内容、関与する企業内部署、関与する社外関係者（得意先、仕入先等）、人数等の情報カテゴリーを設定する。

　事業ごとにビジネスフローに沿って、入手した情報を整理することで、取引先と同じ視点を共有しやすくなる。たとえば、ビジネスフローに沿って、モノの流れを企業から入手した拠点図に描き込むと、ロジスティックスのフロー図が描ける。このロジスティックフロー図をみることで、非効率なモノの動きを視覚的に読み取り、企業が感じているロジスティック費用削減の必

図表2－3　ビジネスフロー図
B社　製品××事業のビジネスフロー

	受注活動	設　計	購　買	生　産	販　売
活動内容	・顧客からの引合いによる受注が主で……	・顧客からの注文内容に従って設計を……	・本社で一括購買を行うため、購買品目と数量を……	・X事業部製造部は生産計画を作成し、○×工場、××工場に……	・××工場から出荷。納品時には担当営業と製造責任者が……
競争相手	・D社（コスト競争力が高い） ・E社（品質が高く、価格も高い）				
社内プレイヤー	・X事業部営業部	・X事業部設計部	・本社購買部	・X事業部製造部 ・○×工場 ・××工場	・X事業部営業部 ・X事業部製造部
社外プレイヤー	・客（R社、K社などの○○業界が多い）	・M社（作図外注先）	・L社（主要材料□●購入先）	・P社（板金外注先）	

要性を共有することができるようになるなどである。

② 組織図

　組織図をみる際には、まずは組織全体が事業部制なのか、拠点別なのかといった大きな枠組みで組織体制をとらえるとよい。そのうえで、取引先が採用している組織体制とその理由を想定ないしは確認しておきたい。たとえば、単一事業なので機能別組織を採用している、複数事業を行っているがこういう理由で機能別組織を採用している、などである。「組織は戦略に従う」こ

とから、この理由・根拠は確認しておくべきである。

さらに、各事業の組織図とビジネスフローとを相互参照することで、組織図に記載されている部署が各事業において果たしている役割・位置づけが把握できる。

以上の視点からみていくだけでも、単に組織図を眺めているよりも、取引先の組織体制と事業を結びつけた形で把握できてくるはずである。

2　経営管理体制の把握

企業概況把握の2つ目の着眼点として、取引先の経営管理体制の把握を取り上げる。経営管理体制を把握することで、取引先がどのような仕組みで意思決定や業務執行を行っているか、意思決定や業務執行に用いられる経営管理情報を作成する体制が、適切に整備・運用されているかどうかなどを確認することができる。

これには次の2つの意味がある。1つは、経営管理体制を把握することで、取引先の経営管理情報作成の体制の良否が認識でき、取引先から入手する情報の信頼性を確認できることになる点である。もう1つは、取引先が合理的な経営を行える仕組みを保持しているか否かを確認することで、取引先の経営管理の水準を把握できることである。

もし、経営管理体制を確認するなかで問題点が認識された場合は、取引先と問題点を共有し、経営管理体制の改善を提案していくことが望ましい。取引先の事業に好影響を与え、投融資の回収可能性が高まるだけでなく、さらなる取引拡大の道が開けていくことにつながっていくからである。近年、企業が金融機関に期待している役割の1つでもあり、企業と金融機関の共存共栄にもつながる。

以下、経営管理体制の把握の主要要素として、意思決定機関、業務執行体制、スタッフ機能、経営管理資料に分けて把握の際のポイントを整理してい

く。

(1) 意思決定機関

　意思決定機関としては、会社法上の機関である取締役会・株主総会・各委員会もあれば、専務会・常務会・経営会議等の各企業独自で設置されている会議体もある。

　そこで、取引先で設置されている意思決定機関としてどのような会議体があるのか、法定・任意の別、社内での位置づけ、開催頻度、開催形態、出席者、会議資料の有無、議事録作成の有無等を把握し、さらに意思決定の流れを把握する。図表2－4は意思決定機関についての把握・整理の一例である。

　意思決定機関について確認すべきポイントは以下の点である。

　まず、実質上の意思決定はどの機関、会議体で行われているのか、その機関、会議体を支配している特定の人物の有無を確認する。たとえば、経営意

図表2－4　意思決定機関
Y社の意思決定機関

名　称	位置づけ	開催頻度	開催形態	参加者	議事録	その他
株主総会	法　定	年1回	不　明	株　主 取締役 監査役	あ　り	1人株主のため実際には開催していないと思われる
取締役会	法　定	月1回 (第3木曜)	本社会議室で開催	取締役 監査役	あ　り	結論が社長会で決まっているため、意見が出ることはなく、社長会で決まった報告をそのまま承認しているとのこと
社長会	任　意	随　時	社長の自宅で随時開催されている模様	社　長 常　務 専　務	な　し	実質的に会社の意思決定を行っている

第2章　企業概況の把握

思決定は常務会で行うとなっていても、実際は会長である創業者の鶴の一声で決まっているならば、会長を意思決定機関と考えておかなければならない。

次いで、合理的な意思決定ができる状況にあるか、実質的な議論が可能な状況なのかを確認する。たとえば、出席者の人数が多すぎて、実質的な議論が期待できなかったり、テレビ会議を多用しているため、しっかりとした意思疎通が図れるのか疑問が生じてくる状況はないか。また、会議資料を作成しておらず、客観的な数字に基づいた議論が期待できない状況ではないか、といったことである。

① 意思決定機関の会議資料

意思決定機関の会議資料を閲覧できる場合がある。こうした会議資料には、損益状況・財務状況のみならず、企業活動において実際に生じている種々の問題とその対応策の検討状況や実施状況が具体的に記載されている場合が多い。可能ならば、こうした資料を入手できるような関係を構築しておきたい。

② 会議体の議事録

各会議体の議事録は各企業によって書式・記載内容等の個性が強い。全般的な傾向として、実施年月日・出席者・会議資料・議題・決定事項・持越事項が簡潔に記載されているだけの場合がきわめて多い。

これまで閲覧したなかで、最も平易でわかりやすい議事録は以下のようなものであった。個々の出席者の発言が発言のとおり記録され、使用されている言葉の意味の確認のやりとりなども詳細に記録されていた。作成者である役員によると、①議事録を作成後、署名のために回覧するが、その時、各自が議論を振り返り、見落とし、誤解等を含んだ議論になっていないか等を再度確認したり、認識を深めたりするため、②本当に真剣に議論し、時間をおいてから振り返った時、こういう視点が欠けていたとか、こういう方向に議論をもっていくべきであったという反省材料にするためという考えから、議

事録をあえて生々しい記載方法にしているとのことであった。

　議事録の作成を法令で求められているからという消極的な姿勢では、過去の意思決定で欠けていた視点や、議論の進め方が原因で誤った結論に流されてしまった等という反省、今後の意思決定の過程でどういう視点を加味していくべきか等の改善事項を見出していくという考えは生まれがたいであろう。議事録の内容やその背景からも、意思決定や経営管理についての取引先の意識の高さや改善意欲を感じ取ることができる。

(2)　業務執行体制

　業務執行は、意思決定された事項を実行に移し、成果をあげるべく取り組んでいくことである。したがって、どれだけ合理的な意思決定がなされ、素晴らしい施策の実施が決まったとしても、業務執行が機能していなければ何の意味もない。その意味で取引先の業務執行体制を把握しておくことは重要である。

　業務執行の体制の把握として、代表取締役、執行役などの会社法上の業務執行機関を把握するだけでは十分ではない。取引先の設定している業務執行機関ごとの担当事業・担当機能、過去の実績、経営者からの評価、社内外の評判などを把握していくことが望ましい。こうした情報から、取引先の重視している事業や機能を推定し、それを経営計画の蓋然性の評価に反映させることができる場合もある。

　さらに、各事業、各機能のキーパーソンを把握することができれば、事業に関する情報を直接把握することが可能になる場合もある。すなわち、取引先から入手した情報が実態を的確に表現していないと思われる場合や、判断が困難な場合には、そうしたキーパーソンの認識を確認することが、金融機関にとってリスク軽減のための重要な手法となる。

⑶　スタッフ機能

　ここでのスタッフ機能は、経営管理情報の収集・作成等を行っている機能であり、取引先によって異なるが、一般的には経理部、総務部、経営企画部、管理部等の部署が担っている場合が多い。

　取引先が大企業で、スタッフだけでも相当数存在するような場合は困難であるが、いわゆる中堅企業・中小企業の取引先に対しては各スタッフが担当している業務や作成資料を把握するようにするとよい。そうした情報を収集する過程で、スタッフの経理・財務・法務等の知識水準、実務経験がどの程度なのかもあわせて把握し、取引先のスタッフ機能の水準を評価しておく。

　このような情報に基づいて、経営管理部門の研修や陣容の強化を取引先の状況に応じて提案し、経営管理レベルの向上を支援していくことも有効である。そのことは結果として金融機関の信用コストの低減にもつながる。

外部スタッフについて

　スタッフ機能を把握する場合、外部スタッフとの関係に注意が必要である。ここで、外部スタッフとは取引先の顧問税理士、顧問弁護士、顧問社会保険労務士等である。

　外部スタッフは取引先との契約の枠内で、報酬に見合ったサービスしか提供しない。したがって、外部スタッフが取引先から請け負っている契約業務を確認し、実際に必要な業務を遂行するために十分な時間・資料・報酬等の提供を企業が行っているかどうかを確認しておく。たとえば、税務調査対応のみに絞って顧問税理士を利用しているならば、税務申告書作成業務にも関与しているはずという期待をすべきではないということである。

　また、外部スタッフの解任事由・交代事由は正確に把握しておくことが必要である。外部スタッフが有能な場合、経営者がその有能さが煩わしいために解任し、能力は劣っても扱いやすい外部スタッフと契約している事例は多

く存在する。経営破綻後の再建段階より参画した案件であるが、数年前に外部スタッフが当該企業の継続性に疑義が生じていることを指摘したことで解任されていた。当該企業の管理職はだれしも指摘事項の正しいことと、彼の解任事由を知っていたが、取引金融機関だけが知らなかった。そして、その外部スタッフ解任後も、金融機関は追加融資を行っていたが、当該企業は解任された外部スタッフの指摘どおり破綻したのである。

(4) 経営管理資料

　金融機関が取引先から入手する資料としては一般的に、決算書、法人税申告書、経営計画書、資金繰り表などがある。こうした資料は取引先では経営管理資料として作成されている。したがって、経営管理資料作成の体制を把握しておくことは、金融機関の投融資取引の判断の根拠資料の信頼性を把握することにほかならない。すなわち、金融機関が合理的な判断を行うに足る根拠資料が作成されているかという観点から、取引先の経営管理資料の作成体制を確認しておく必要がある。また、取引先が適切な経営管理資料を用いて、合理的な経営判断を行っているかという視点からも経営管理体制を確認しておく必要がある。

　経営管理資料作成の体制を確認する際のポイントとして4点説明する。

　まず、どのような資料が作成されているかを確認する。取引先が作成している経営管理資料を全種類網羅して把握することは不可能であるが、少なくとも金融機関にとって重要である財務諸表や申告書に関連する資料や、経営計画の根拠資料として作成されている資料を把握しておくことが望ましい。

　また、金融機関が入手しているのと同じ資料を取引先社内での業務や管理で使用しているか、使用しているならば、使用者、使用目的、資料の作成頻度などを確認する。これによって、入手している情報の取引先内部での扱いのレベルを確認することができ、間接的に入手している資料の信頼性を評価できる。

2つ目は、把握した経営管理資料の作成プロセスの確認である。作成資料の網羅性、正確性が確保される仕組みとなっているかを確認する。具体的には、資料の根拠は何か、対象とされるデータに漏れはないか、計算誤りがないか等の検証は行われる仕組みとなっているか、等を確認していく。

　3つ目は資料の作成ロジックである。会計情報や意思決定資料のように仮定を置いた見積計算などが含まれている場合、見積計算のロジックや使われている数字の根拠は必ず確認しておくことが大切である。こうした計算のロジックや使用される数値の根拠には、取引先独自の考え方や前提条件が含まれているからである（特にこの点が問題になる具体例として、「第7章　設備投資と経営計画の関係の確認」を参照いただきたい）。

　最後に、資料と現実との関連性である。経営管理資料には、現状を認識するための資料や、認識した事実をふまえて作成された将来の予測資料などもある。しかし、現実を認識して事業を行う以上は、経営管理資料は現実と結びついていることが必要である。そこで、入手した管理資料について、可能な範囲で金融機関として認識している事実と一致していることを確かめておくことが望ましい。

　以上の確認によって、入手している情報の信頼性に問題がある可能性を見出した場合は、具体的な改善要望を取引先に伝えていくことが必要である。補足資料の作成・提出を求めたり、入手すべき情報の信頼性を担保するための代替的措置を求めることが必要な場合もあるかもしれない。

　以上で述べた経営管理体制の把握は、必ずしも一気に進むものではない。日常の取引先とのやりとりのなかで少しずつ進んでいくものでもある。逆にいえば、現状において、経営管理体制の把握が十分行えていない取引先に対しては、急ぎすぎることなく、地道な情報収集を重ねながら、徐々に取引先の経営管理の状況を把握してくことで十分であると考えてよい。

3　過去・現在の経営成績の分析上のポイント

　企業概況把握の3つ目の着眼点は取引先の過去・現在の経営成績の概況把握である。金融機関は取引先から決算説明を受ける際に決算書等を入手し、貸借対照表、損益計算書、キャッシュフロー計算書などの財務諸表に対して、財務分析を行い、経営状況のモニタリング、経営計画の進捗状況の確認を行っている。ここでは、それら金融機関で通常行われている財務分析の手法・方法には触れず、取引先の収益構造や財務構造についての過去からの経緯・傾向や現状を把握するうえでのポイントについて述べる。

(1) 収益構造の分析視点

　上記の目的から取引先の収益構造・財務構造を概略把握する視点として、「投融資の回収原資を生み出す事業は何か」「成長性」「利益性（収益性）」「効率性」の4点をあげる。

　「投融資の回収原資を生み出す事業は何か」とは、取引先の事業は投融資の回収原資を生み出しているか、複数の事業を行っている場合にはどの事業が回収原資を生み出しているのかを把握していくことである。さらに、より詳細には事業別、拠点別、製品別などの切り口で回収原資を生み出す源泉を確認していくのである。具体的には、回収原資を生み出している事業はどれか、損失を生じている事業はどれか、稼ぎ頭となっている商品はどれか等を把握することになる。

　しかし、業種や取引先によっては事業別損益、拠点別損益、製品別損益などの損益情報を経営管理上把握していない場合もある。その場合でも、取引先とのやりとりのなかで生産、販売が増えている製品や商品、販売拠点を聞き出して、回収原資がどこで生み出されているのかを確認するように努めるべきである。また、取引先の規模、状況によっては経営管理体制の改善提案

として事業別損益、拠点別損益などのセグメント別損益データの作成を働きかけていくことも考えられる。

「成長性」とは、売上規模の拡大に着目する視点である。事業単位・製品単位・市場単位などのセグメント別に売上の伸び率を把握し、その傾向とともにその企業の将来に向けた経営戦略との整合性・関係性の分析につなげていく。特に、拡大戦略が図られている事業においては、当該事業の成長性に着目した分析・検証を行う。成長戦略の確認とその蓋然性の検証については第4章でさらに記述する。

「利益性（収益性）」とは、売上総利益・営業利益・経常利益といった各利益概念での利益率、利益額に着目する視点である。事業単位、製品単位、市場単位等のセグメント別に分析し、傾向と背景にある要因を把握していく。傾向と要因の把握は2つの側面から行っていくとよい。

1つは、「付加価値向上」の視点である。従来以上に、ないしは競合他社対比で、より付加価値の高い製品・サービスを提供していくことが、利益率ないしは利益額の向上に結びついているかという視点である。もう1つは、「費用・コストの低減」の視点である。従来よりも費用・コストを下げることで利益率ないしは利益額の向上をもたらしているのかという視点である。費用計画・原価低減計画の検証の視点については第6章においてさらに述べる。

「効率性」とは、ヒト・モノ・カネへの投下資本の回収と資産効率に着目する視点である。この視点は、貸借対照表が事業別、拠点別などのセグメント別に作成されていない場合には分析が困難である。ただ、企業全体の効率性指標をもとに分析し、少なくとも企業全体の資産効率、資本効率などは把握しておくようにする。

また、不採算事業や遊休の不動産・設備等を把握しておくことも効率性の把握・分析につながる。それらの多額の赤字を出している不採算事業や多額の遊休資産がある場合には、1つはそもそもそれらの事業や資産を今後どう

していくかという論点が顕在化してくる。もう1つは、仮にそれらの不採算事業や遊休資産を取り除いて分析してみた場合に、他の事業の効率性はどうかという分析が可能になる。

(2) 会計情報をみる際の留意点

2で述べたように、取引先が作成する経営管理資料、またその作成プロセスは金融機関が入手する情報の質を左右し、ひいては金融機関として誤った判断をすることにもつながる。なかでも、経営管理資料の重要な部分を占めているのは収益・財務状況を中心とする会計情報である。そこで、取引先の会計情報をみる際の留意点について触れておく。

① 会計情報と会計事実の一致

会計情報は会計事実をもとにし、適切な会計基準を適用して作成されていなければならない。会計事実を正確に認識していなければ、どのような精緻な会計基準が適用されていても、それは無用無価値の会計情報である。そこで、会計事実を正確に認識して、会計情報を作成していることを確認することが必要となる。

会計情報が会計事実を反映しているかどうかについては、2つの側面がある。1つは、取引等の会計事実が正しく処理されているかどうかであり、もう1つは資産の劣化等の事実の有無を確認し、それらを正しく反映しているかどうかである。

前者が適切に行われているかを確認するためには、企業の会計情報の作成状況を確認することが必要である。すなわち、会計事実の認識が適切に行われ、認識した会計事実をもとに適切な会計基準の適用が行われていることを確認しなければならない。具体的には、支出要因が発生した場合、発生年月日・相手先・支払金額等の把握、資産計上か・費用処理かの判断、どの勘定科目を使っているのか、等適切に会計処理が行われる体制になっているかを

確認する。特に、注意すべきは会計処理を行う者が会計事実をきちんと認識できる状況にあるかである。

もし、取引先の会計プロセスに適切な会計処理が行えない事情があることを認識した場合は、金融機関は会計プロセス自体もしくは運用の改善を求めるべきである。

後者が適切に行われているかを確認するためには、会計情報を会計事実と定期的に突き合わせて、会計情報の正確性が確保されていることを確認することが必要である。すなわち、実査、棚卸し、残高確認等が実施され、その結果が会計情報に反映される仕組みとなっているかを確認することになる。具体的には、実査がどの勘定科目に対して、どれくらいの頻度で、どのような方法で行われているのか等を確認する。棚卸資産については、棚卸しが定期的に適切な方法で行われ、棚卸減耗の認識、品質劣化など現物の状況に応じて評価損が計上される仕組みが整備され、実際に運用されているか等を、預金や債権債務については、残高確認がどれくらいの頻度で、どのような方法で行われているか、認識された差異の要因が分析され、必要な会計処理が行われる仕組みとなっているか等を確認することとなる。

もし、取引先がこうした仕組みをもっていない、もしくは仕組みが適切に運用されていない場合には、金融機関は取引先に対して仕組みの見直しや運用の改善を求めるべきである。

② 会計情報と会計事実との乖離例

会計情報と会計事実との乖離の例として、主要な科目ごとに実例をあげる。

■ケース1：固定資産の例

経験的には、固定資産の実在性に問題がある場合に純資産の修正額が大きくなることが多く、注意が必要である。

まず、固定資産の取得時に適切な会計処理が行われなかった場合の実例をあげる。

固定資産計上は税務上判断がむずかしいとの理由から、顧問税理士に固定資産計上に際しての判断を仰いでいるが、詳細な使用状況を説明していない場合等、固定資産計上を資産の購入金額のみで判断し、会計処理している場合がある。こうした会計処理の結果、高額という理由だけで消耗品が固定資産計上されていた事例が多くある。このような場合、実在性のない固定資産が帳簿上は相当数計上されることとなり、要修正額も大きい金額となる場合が多い。

　このような事例の場合、企業自体が、消耗品として処理されるべき資産の購入資金を、設備資金と認識している場合がほとんどである。すなわち、金融機関としては設備資金として融資したが、実際は運転資金として使用され、資金使途に齟齬が生じるという別の問題も生じることとなる。

　次いで、固定資産実査が行われていなかった場合の実例をあげる。

　ある設備型産業に属する企業の財務調査を行った。会社の帳簿には自家建設・自家製造したという多くの固定資産が計上されていた。しかし、その実在性に疑問を感じ、財務調査中に固定資産実査を求め、それに同行した。1日中、広大な敷地を駆けずり回ったが、結局、ほとんどの自家建設・製造の設備を見出すことはできなかった。会社の説明は、固定資産の転用、除却を頻繁に行っていたが、その会計処理を行っておらず、さらに固定資産実査を行う仕組みがなかったので、固定資産が帳簿上除却されることがなかったとのことであった。この事例では、なんと帳簿上計上されていた固定資産の約7割の金額について現物を確認できなかった。

■ケース2：現金預金等の例

　ある企業の内部監査の事例である。その企業では、預金残高について毎期末、残高確認を行っていた。残高確認の依頼と入手を預金管理担当者が単独で行うという方法に疑問をもった内部監査室が、自ら残高確認を行った。その結果、預金管理担当者が長年にわたって預金を使い込み、それを隠蔽するために残高確認書の偽造を行っていたことが判明した。このように、会計情

報と会計事実の突合せの方法次第では、何の確認にもなっていない場合があるので、残高確認や実査、棚卸しの方法にも注意を払っておくべきである。

③　会計方針の妥当性の確認

　会計事実をどのように処理するかについて、取引先が定めている会計方針の妥当性を確認することの必要性についても触れておく。

　会計事実が適切に会計情報に反映されていることを確認できれば、金融機関の利用に足る会計情報の質は確保されていると思われる方もいるかもしれない。しかし、会計情報は、認識した会計事実に対して一定の判断を加えて作成される情報であり、その判断の基準となっているのが会計方針なのである。したがって、会計方針が適切に選択・適用されているかを確認しておくことが必要である。

　とはいっても、会計方針が適切に選択・適用されていることを厳密に確認するには、監査法人や公認会計士による会計監査が必要であるので、すべての取引先に等しく求めることは現実的ではない。だとすれば、金融機関は企業の選択している会計方針についてどのような視点でみていけばよいだろうか。

　そこで、監査法人・公認会計士と金融機関では会計情報に対する立ち位置が異なっていることに着目する。監査法人・公認会計士は、財務分析により、企業の会計情報に異常な数値が含まれていないか分析し、異常値と思われる部分については、その適否を判断するために監査手続を実施する。これに対して、金融機関の財務分析は、企業の会計情報が異常な数値ではないかと推定するにとどまる。したがって、裏付のとれない推定をもとに与信判断や企業経営のモニタリングを行わざるをえなくなる。

　そこで、金融機関としての財務分析の精度を上げるという視点から、会計方針の妥当性を検討することを提案したい。

　会計方針として、まず確認しておくべきは連結の範囲である。金融機関に

とっての連結の範囲は、取引先の経営計画の対象範囲や経営状況のモニタリングに必要な情報の範囲という意味がある（詳細は本章1で記述した）。そこで、取引先の作成している連結情報の連結の範囲と、情報を入手すべき範囲としての企業集団の範囲を突き合わせ、齟齬の有無を確認する。

　もし、実質的な企業集団の範囲に照らして連結の範囲に加えるべき対象があれば、取引先に連結の範囲の修正を提案すべきである。連結の範囲に含めることにより、取引先の会計情報の有用性が高まるからである。また、連結の範囲から外れている子会社等に対する管理体制を忘れず確認しておく。連結の範囲の検討は子会社等が作成した会計情報をもとに行われることが通常である。そこで、子会社等に対する管理体制を質問し、取引先が子会社を適切に管理したうえで、連結の範囲を判断していることを確認しておくべきである。

　ここで実例をあげる。連結の範囲から外れていた子会社が深刻な債務超過に陥っており、本来なら連結の範囲に含めるべき段階になっていた。しかし、親会社が適切に管理していなかったため連結子会社として認識せず、実態を把握した時には子会社を清算するしかなかった。その処理に際して親会社が大きな損失を被ったのである。

　逆に、連結の範囲に想定していない対象が含まれている場合には、当該対象の概況、連結対象となっている理由を確認し、金融機関として入手すべき情報の範囲に含めるべきか否かを検討することとなる。

　また、取引先がまったく連結ベースの会計情報を作成していないが、金融機関としては、取引先の経営管理上も連結ベースの会計情報の作成が必要であると考える場合は、取引先に対して経営管理体制の改善として連結情報の作成を提案すべきである。

　連結の範囲のほか、減価償却方法や棚卸資産の評価方法などの会計方針もしっかりと確認しておきたい。近年、会計基準も改正が相次いでおり、注意すべき会計方針は少なくなってきている。しかし、そんななか、最終仕入原

価法は注意すべき会計方針の1つである。この会計方針は実務上簡便であるとの理由から非上場企業での適用が多い。しかし、この最終仕入原価法は棚卸資産についての評価損益を内在化させる可能性がある会計方針である。なぜなら、期末の棚卸資産評価に際して、対象となる棚卸資産をすべて直近の仕入単価等で評価するため、実際の取得単価との乖離が生じる可能性があるからである。したがって、重要な棚卸資産に対して最終仕入原価法を適用している取引先には、毎期評価損益が生じているか否かの、評価損益が生じている場合にはその金額の確認をしたうえで、それらの影響を加味した財務分析を行う必要がある。しかし、実際に取引先、金融機関ともにそのような分析を行っていないのが通常である。

図表2-5は、評価損益が棚卸資産に関する財務指標に与える影響の一例を示したものである。

したがって、取引先が重要な棚卸資産に最終仕入原価法を適用している場合、毎期末に棚卸資産に含まれている評価損益の開示を求めていくことや、会計方針の変更を取引先に提案することは、金融機関にとって大きなリスクの軽減になる。また、取引先にとっても、より実態を反映した会計情報を作

図表2-5 最終仕入原価法の影響

棚卸資産回転期間への評価損益の及ぼす影響

前提条件
・年間売上を60億円
・本年度末の棚卸資産残高は5億円
・最終仕入原価法を適用している

評価損益	△50百万円	△25百万円	0百万円	25百万円	50百万円
棚卸資産回転期間	0.9カ月	0.95カ月	1カ月	1.05カ月	1.1カ月

(注1) 本例では、評価損益は棚卸資産残高の±10%までで算定している。
(注2) 評価損益が存在することで、財務分析指標として算定される数値に差異が生じる。たとえば、前期末が評価益で1.1カ月の回転期間と算定され、当期末が評価損で0.9カ月の回転期間と算定されたとすると、約1週間の在庫削減に成功したと解釈されてしまう可能性がある。

成することができ、経営判断の精度を高めるというメリットがある。

　ここで、実例をあげておく。あるメーカーの工場長が「当社の損益はまったく理解できない。前々期は、期中では利益が出ないっていっていたが、決算を締めたらドーンと利益が出たよ。前期は、期中は儲かっているって会社はいっていたから、安心していた。でも、今度は決算を締めたら大赤字だった。在庫数量はそれほど変わらないけど、なぜか在庫金額が大幅に上下するんだ」といっていた。その原因は以下のとおりであった。前々期末に前期首の生産に備えて、少量不足していた原材料を買い足した。この時、インフレで高騰した単価で買い付けざるをえず、高騰した単価で原材料を評価替えすることにより在庫金額が跳ね上がり、製品原価が大きく減少したことで利益が出ていた。これに対して、前期末ではデフレ傾向であったため、逆の状況が発生していたのである。もともと、利益率の低い企業では、このような評価損益が利益に与える影響は少なくない。しかし、この企業と取引していた金融機関は、景気の悪化が損益の変動要因であると認識していた。実際には、棚卸資産の評価損益を除くと、この企業の損益は長年いわゆるトントンであったが、インフレによる評価益を正常損益に含めたため、収益力が向上傾向にあるとの判断になり、融資を実行していたのである。

④　セグメント情報

　会計情報をみる際の留意点の最後として、事業別損益・拠点別損益等のセグメント情報を会計情報として入手している場合の留意点について述べておく。

　セグメント情報は事業単位・拠点単位等の損益情報などを示しており、事業別損益・拠点別損益等の経年比較や事業損益比較・拠点損益比較などは、与信判断や経営状況のモニタリングなどに有用な情報である。しかし、通常、社内の管理会計資料として用いられるため、特定の事業を育成するために他の事業に共通費などを厚く負担させるなど、企業特有の事情を加味して作成

される。そこで、金融機関としては、そうした企業特有の作成ロジックを把握したうえで、与信判断、経営モニタリングの資料として用いることが必要となる。

通常、セグメント情報は、各セグメントにおいて、直接的に取引等の発生を認識し、会計処理される部分と、セグメント共通費用の処理など、各セグメントになんらかのロジックをもとに配賦された部分で構成されている。

特に、後者のロジックとその適用を確認する。具体的には、①セグメントの定義とその区分方法、②セグメント別損益やセグメント別貸借対照表の区分とその区分方法、③配賦される費用・損失・資産・負債の範囲、配賦方法(ロジックとその裏付となるデータ等)を確認することとなる。

①②は各セグメントがどのような基準で設定されているかを確認するものであり、セグメント情報を利用するうえでの最も基本的な事項である。

③は、セグメント情報の作成に特有のロジックとその適用範囲、算定方法である。なかでも、配賦計算のロジックに合理性があり、実態に即したものであるか否かを確認することが重要である。この時、ロジックのみならず、その裏付となるデータがある場合はそのデータもあわせて入手し、ロジックの合理性が担保されていることを確認しておくことが大切である。

4 経営計画の把握

ここまでは、取引先の企業概況の把握のうち、主に取引先の現在の状況を把握するための視点を中心に述べてきた。ここからは、取引先の将来に向けた目標・計画の側面からの概況を把握するための視点について述べていく。「経営計画」がその主要な対象となる。

(1) 経営計画と経営計画「書」

取引先は、経営目標や経営目標を達成するための戦略を策定し、その実行

計画として中長期経営計画、年度計画、販売計画、生産計画、設備計画、研究開発計画などに展開・策定する。これが「経営計画」である。そして、経営計画を書面の形で明文化・可視化したものが経営計画「書」である。このうち、金融機関としてまず大切なことは、実態としての「経営計画」（書面としての経営計画「書」ではない）を把握・検証していくことである。取引先が何を目標とし、目標達成のために何をしようとしているのか、そして、その妥当性・蓋然性はどうか、である。取引先の経営実態把握の主要な部分を占めるといってよい。

　経営計画の把握・検証において、「経営計画書」が作成されているかどうか、入手されているかどうかは必須ではない。大切なのは、経営計画そのものが把握できているかどうかである。

　経営計画書が作成・入手されている場合は、金融機関は取引先の考える経営計画の内容を文書の形で知ることができる。経営計画書はそれを足がかりとして経営計画の蓋然性の検証と与信判断を行うためのツールの１つである。その意味からは、経営計画書は作成されているほうが作成されていない場合よりも望ましいといえる。文書化されたものを入手することで内容の把握はもちろんのこと、経営計画の背景や前提も把握でき、計画の蓋然性の検証をより具体的に行うことができるからである。

　また、経営計画書を入手していると、実際の経営活動の結果・成果と対比することで、財務的成果の良否はもちろんのこと、その取引先の「実行力」や「組織力」のような側面を把握することにもつながる。経営計画において「やるべきこと」とされていたことが、実際に行えたかどうか、行った結果成果に結びつけることができているかどうかなどがわかるからである。

　したがって、経営計画書を作成している取引先については、経営計画書の策定・見直しが行われるたびに、それを入手しておくことが望ましい。日常から経営計画書の共有が行われるような取引先との関係づくりが必要である。

　一方現実には、書面としての「経営計画書」を作成していない取引先も多

いであろう。経営計画書は文書としては作成されていないが、経営計画は取引先の社長・経営幹部の頭の中にはあるというようなケースである。そのような取引先の場合は、いかにして取引先が企図している経営計画を把握していくかがポイントとなる。

(2) 収益目標の概要分析

第１章で述べたとおり、経営計画を把握したら、金融機関としてその妥当性や蓋然性を検証していくことが必要である。具体的な検証方法やそのポイントについては、第３章以降の各章において述べていく。ここでは、経営計画のなかで掲げられている収益面・財務面の目標を概要分析しておく際の視点についてのみ触れておく。

本書の冒頭において、経営実態把握における重要なポイントの１つは、「過去・現在のことだけでなく、将来のことも把握する」ことであると述べた。そのなかでも特に重要な点が、収益構造についての将来の目標・計画を検証することである。

具体的には、３年後や５年後などの中長期の全社ないしは事業別の収益構造についての目標や計画を、前節で述べた３つの視点（成長性・利益性・効率性）から、現状とのギャップを確認するのである。そうすることで、成長性（売上高）でどの程度の向上が必要なのか／企図しているのか、利益性（利益率・額）でどの程度の向上が必要なのか／企図しているのか、効率性（資産効率・資本効率）をどの程度高めようとしているのか／企図しているのかが明らかになる。そして、そのギャップを埋めるに必要十分な戦略・施策・投資が具体化しているかどうかを確認していくことが、収益目標・収益計画の達成の蓋然性を検証していくことになるのである。

図表２－６は、以上で述べた収益構造分析の全体像を整理したものである。

入手した経営計画について、以下の点について注意する必要がある。経営計画も過去の実績や現在の状況を示す経営管理情報のデータをもとに作成さ

図表2-6　収益構造分析の全体像

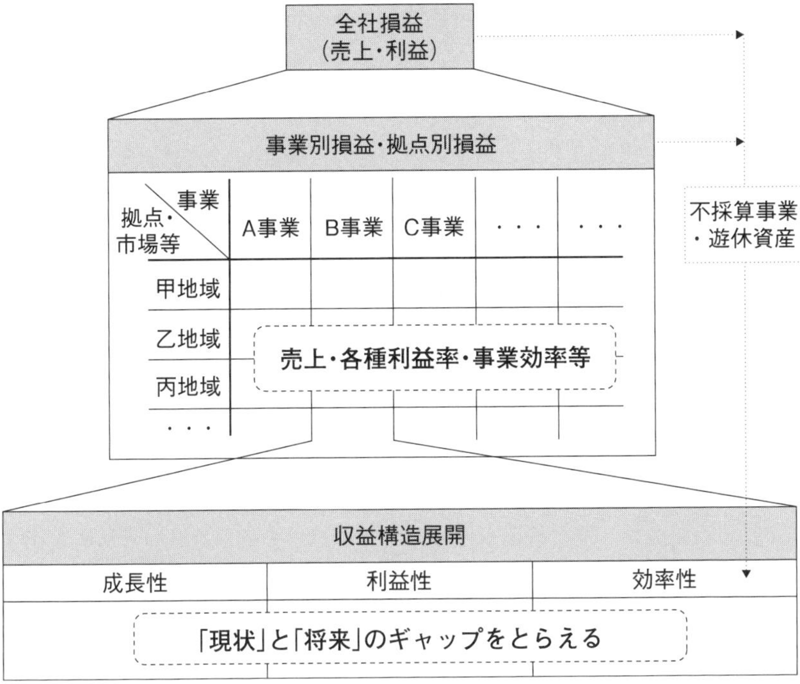

```
                    全社損益
                   (売上・利益)
                        │
            ┌───────────┴───────────┐
            │  事業別損益・拠点別損益  │ ······→ 不採算事業
            │                         │           ・遊休資産
            │   事業                  │
            │拠点・  A事業 B事業 C事業 ··· ··· │
            │市場等                   │
            │  甲地域                 │
            │  乙地域  売上・各種利益率・事業効率等
            │  丙地域                 │
            │   ···                   │
            └───────────┬───────────┘
                        │
                   収益構造展開
            ┌──────┬──────┬──────┐
            │ 成長性 │ 利益性 │ 効率性 │
            ├──────┴──────┴──────┤
            │ 「現状」と「将来」のギャップをとらえる │
            └────────────────────┘
```

れているケースが通常である。したがって、日常において取引先が作成・提出している決算書や経営管理資料等の信頼性が低い場合は、どれだけ形式や理論が立派な戦略や経営計画が作成・提出されていても、実際には実態に合わないものであったり、実現可能性や蓋然性の面で金融機関の投融資の審査に耐えられるものではない可能性が高いことを十分に認識しておくべきである。

(3) 経営計画の策定方針の共有

決算書には一定期間の経営成績ならびに決算日現在の財政状態が表されており、過去から現在に至る企業の活動の歴史を表しているといえる。経営不

振に陥っている会社についていえば、経営不振の要因や影響が隠されている。それらは企業の外部者である金融機関が財務分析を行って把握できる部分とそうでない部分に分かれる。前者については、現在すでに取引先に原因の説明とその解決策を経営計画に反映させるように求めているはずである。これに対して、後者についてはどのように把握し、対応していくべきであろうか。取引先は金融機関に対して自社にとってマイナスとなる情報を積極的に開示することは通常は好まない。

一方、取引先が自ら認識しているすべての課題の解決策を織り込んで経営計画を策定する場合と、金融機関が認識している課題のみの解決策を織り込んで経営計画を策定する場合では、計画実現の蓋然性は前者のほうが当然高くなるはずである。しかし、現実には後者の経営計画が策定されている場合は多い。実際、金融機関が取引先に対する第三者による財務調査や事業性評価を行った場合に、その検出事項に対して予想外であったという反応を示すことは多く、企業サイドからは金融機関が聞かなかったからあえて説明しなかった、説明するきっかけがつかめなかったという反応が多い。

そこで、金融機関から取引先に対して経営計画の提出を求める場合には、取引先の財政状態と解決すべき課題を共有し、経営計画の策定方針を双方で確認するステップを設けることが望ましい。それにより経営計画の質が高まるのみならず、金融機関としての経営計画検証の精度も高まることが期待できる。

5　経営計画の実行管理の体制・仕組みの把握

前節では企業概況の把握の一環としての経営計画の把握について述べた。本節では企業概況の把握の最後のポイントとして、取引先の経営計画の実行管理の体制・仕組みのあり方の確認点について説明する。いわゆる PDCA (Plan-Do-Check-Action) のマネジメントサイクルのうち、DCA (Do-Check-

Action）の部分である。具体的には、取引先が経営計画の実行と経営目標の達成に向けてどのような実行管理を行っているかについて、金融機関として把握すべきポイントを、①実行管理の指標（何を）、②実行管理の体制・仕組み（どのように）、③人材（だれが）に分けて整理している。

経営計画の実行管理として述べているが、経営計画を作成していない取引先の場合においても、日々のマネジメントのあり方や業績向上のためのDCAのあり方についての確認点は何かという視点でとらえていただければよい。日々の経営の実行体制を把握しておくことは、いかなる取引先に対してでも金融機関として一定レベルで必要なことであろう。

(1) 経営計画の実行管理体制とその状況把握の必要性

経営目標・事業目標が設定されてはいるが、実際には達成されないケースがよくみられるであろう。設定した目標が達成されない場合の原因は大きく分けて2つある。

1つは、目標や計画の設定そのものが不十分なケースである。目標が現実的でないほど高すぎたり、目標達成を支える背景や要因が十分でないのに希望的観測で設定されていたり、目標達成に向けた具体的な活動計画が作成されていないなど、目標が「絵に描いた餅」になっている状態である。

これについては、次章以降において、取引先の経営計画を検証する際のポイントとして説明していく。いわゆる PDCA（Plan-Do-Check-Action）のマネジメントサイクルのうち、主に P（計画）の側面についての確認点といってもよい。これらの確認点をもとに、取引先が設定している目標がしっかりとした背景・根拠に基づくものであるかということを金融機関として確認していくことができる。

もう1つは、目標を達成するための道筋が、計画ではある程度設定されているが、その実行管理・進捗管理やフォローアップが不十分なケースである。仮に具体性と根拠のある計画が立てられていたとしても、その実行管理が疎

かであると当然ながら目標は未達になる可能性が高い。そして、そのような会社は意外と多い。

　ここでは、後者を主な対象にして、取引先が目標や経営計画の達成に向けて、日常においてどのような進捗管理・実行管理をしているかを金融機関として把握していくためのポイントを整理する。

(2) 経営計画の実行管理の指標

　まず、経営計画の実行管理のために「何をみておくべきか？」についてである。金融機関の立場からは、取引先が日常の経営管理において「みておくべきこと」を整理・明確化できているか、という視点になる。

　進捗管理を行うためには、目標や計画の達成状況・実行状況を把握するための基準や指標があったほうがよい。うまくいっているか・いっていないかを客観的にとらえていくことができるからである。

① KPIの考え方—目標指標と管理指標—

　ここで、KPIの基本的な考え方を説明しておきたい。図表2－7を参照いただきたい。

　一般的に組織（企業・事業部・部門）の業務・活動の良否を示す指標をKPI（Key Performance Indicators）という。そして、KPIは目標指標と管理指標に分けてとらえていく。

　目標指標とは文字どおり、組織にとっての成果・結果に相当する指標である。企業や事業での財務面の目標指標としては売上、利益、キャッシュフローなどがあげられる。一方、管理指標は、目標を達成するための重要成功要因・重要業務・重要施策に対して設定される。目標達成に順調に向かっているかどうか、目標達成を左右する非常に重要な施策や活動が確実に行われているかどうか等について、できるだけ客観的かつ定量的な指標を設定するのである。

図表2－7　目標を達成するための「管理指標」は明確になっているか？

○KPI（Key Performance Indicators）とは……
・組織（企業・事業部・部門）の業務・活動の良否を示す指標。「重要業績指標」・「重要管理指標」などと表現されることが多い。
・KPIは、各組織にとっての「目標指標」と「管理指標」に分けられる。

○目標指標と管理指標……「成果をあげるためにプロセスを管理する」

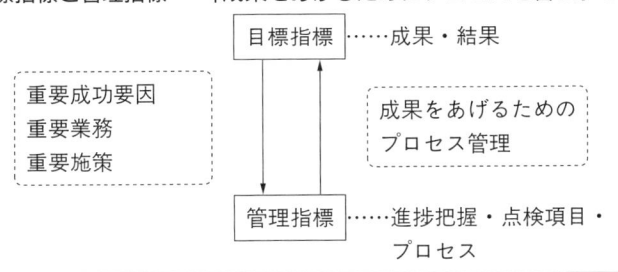

```
                    目標指標 ……成果・結果
   重要成功要因                    成果をあげるための
   重要業務                         プロセス管理
   重要施策
                    管理指標 ……進捗把握・点検項目・
                                   プロセス
```

　たとえば、売上の目標指標に対する管理指標としては、販売計画の進捗状況や新規の顧客やエリアの開拓状況などが考えられる。また、売上目標を左右するのが新製品の開発・販売である場合には、新製品の開発の進捗状況、新製品の市場での浸透・販売状況などが管理指標として設定される。

② 「管理指標」は明確になっているか？
　経営計画の実行管理体制の把握の面からは、取引先の企業としての目標指標である経営目標や経営計画に対して、「管理指標」に相当するものが明確に設定されているかを確認する。管理指標は目標の達成に対しての重要成功要因とリンクしているからである。仮に、重要成功要因や管理指標を明確に認識せずに事業を行っているとしたら、設定されている目標が達成される可能性は低いといわざるをえない。
　経営目標は通常は財務面の目標を主としながら、非財務面の目標もあわせて設定される。複数の事業に取り組んでいる企業の場合は、全社の経営目標と、事業別の目標がそれぞれ設定される。そして、それらの目標を達成する

図表 2-8　経営計画達成の管理指標の全体像

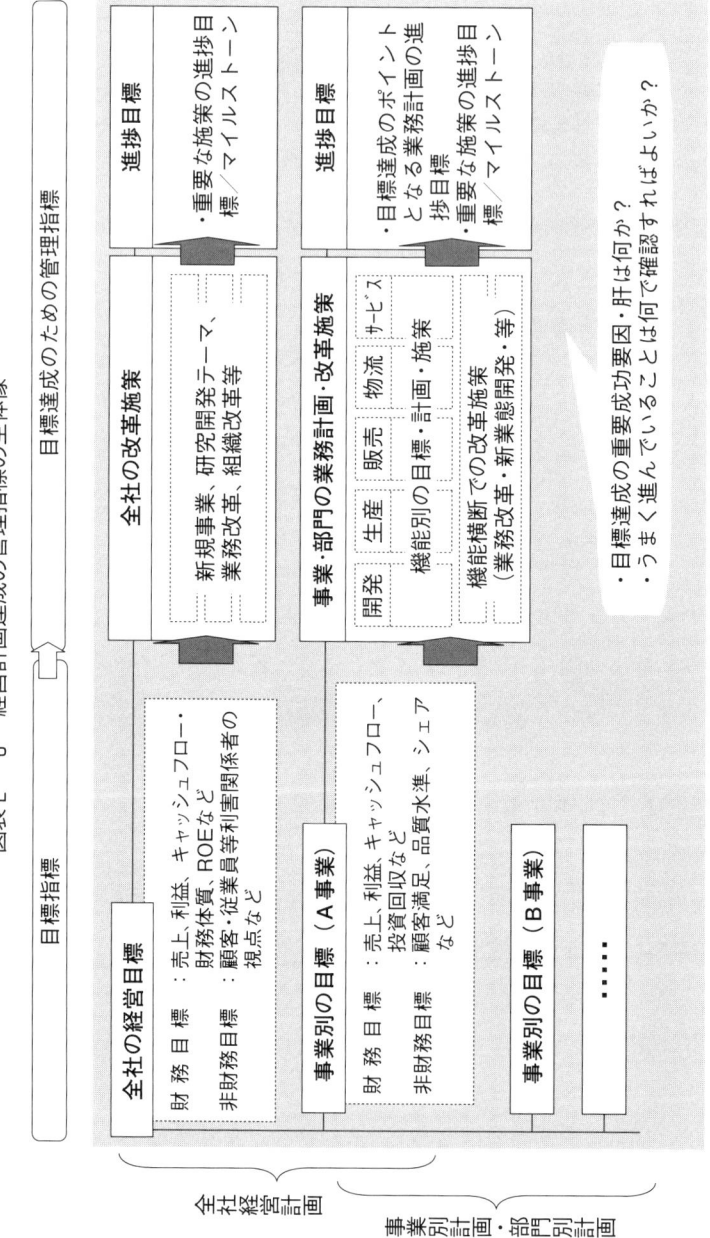

目標指標

全社の経営目標
- 財務目標：売上、利益、キャッシュフロー・財務体質、ROEなど
- 非財務目標：顧客・従業員等利害関係者の視点など

事業別の目標（A事業）
- 財務目標：売上、利益、キャッシュフロー、投資回収など
- 非財務目標：顧客満足、品質水準、シェアなど

事業別の目標（B事業）
……

（全社経営計画／事業別計画・部門別計画）

目標達成のための管理指標

全社の改革施策
- 新規事業、研究開発テーマ、業務改革、組織改革等

事業部門の業務計画・改革施策
- 開発／生産／販売／物流／サービス
- 機能別の目標・計画・施策
- 機能横断での改革施策（業務改革・新業態開発・等）

進捗目標
- 重要な施策の進捗目標／マイルストーン

進捗目標
- 目標達成のポイントとなる業務計画の進捗目標
- 重要な施策の進捗目標／マイルストーン

- 目標達成の重要成功要因・肝は何か？
- うまく進んでいることは何で確認すればよいか？

ためには、その目標を達成するための各部門の業務計画や改革施策が設定されることが通常である。文書形式での経営計画書・業務計画書や施策一覧が作成されていることがベターではあるが、必須ではない。重要なことは、目標達成に向けて、現状とのギャップや取組課題を取引先が認識し、それをふまえて、業務計画や改革施策を具体化しているかである。

そして、これらの改革施策や業務計画の進捗状況を把握・確認するものが管理指標である。したがって、管理指標には、販売計画・生産計画等の業務計画の進捗を示す定量的な指標もあれば、重要な施策の進捗・進展のような定性的な指標も存在する。第3章から第8章で述べる販売計画等の各種の計画の検証ポイントなどが管理指標になりうるとイメージしていただいてよい。

経営目標や経営計画を背景に取引先に成長のための資金や運転資金を提供している金融機関の立場からは、まずは取引先が業務計画や改革施策をどのように設定しているか、そのなかで目標達成の肝となる重要成功要因をどのように認識しているかを確認していくことが求められる。

確認の方法としては、経営計画書などを作成している取引先の場合は、それらの資料を入手・確認して、経営幹部や事業責任者にヒアリングしていくのがよいであろう。経営計画書を作成していない取引先については、今後の経営の展望や中期的な目標（全社ならびに主要事業別）をヒアリングし、目標の達成のために必要な取組みや重要成功要因について、会話のなかで確認していくとよい。そのような観点からの会話を経営幹部と行っていくことで、その取引先の経営幹部の事業認識が堅実か否か、目標達成のためのポイントをしっかり認識して手を打っているか否かが、徐々につかめてくると思われる。

業務計画・改革施策などが把握できた場合には、取引先の経営幹部は、それらの計画・施策の進捗をどのような指標（管理指標）で把握・マネジメントしようとしているかを確認できるとさらによい。以降の取引先とのやりとりにおいて、経営活動がうまくいっているかどうかをその指標の良否で確認

できるからである。

　計画・施策は設定されているが、定量的な管理指標にまでは落とし込んでいないケースもあるだろう。この場合、1つは、管理指標の設定・把握の不十分さが目標達成に向けた経営管理において問題とならないかという視点でみることが必要である。

　もう1つは、金融機関として、「この指標は定期的に把握・モニタリングしておくべき」と考えられる指標を設定しておく必要性はないかという視点でみることが必要である。事業の成否を左右するような改革施策や、重要性の高い事業の販売計画、コストダウン計画の進捗、重要な研究開発・商品開発案件の進捗や市場での反応などである。取引先に対するリスク管理の側面からも必要であるし、取引先に対しての経営管理面での指導・アドバイスにつなげていくことも可能になると思われる。

　取引先が認識している重要成功要因や管理指標のとらえ方に疑問をもたざるをえないようなケースもあると思われる。このような場合は、金融機関としての疑問点・懸念点を取引先経営幹部としっかりと討議・確認し、経営管理上のポイントを双方が共有するように努めていくことが望ましい。

(3) 実行管理の体制・仕組み

　前項では、実行管理の指標について記述した。次に把握しておきたいのが、経営計画の実行管理の体制や仕組みについてである。最初に実行管理の体制、次に実行管理の仕組みの順で説明する。

① 実行管理の体制

　取引先の経営計画の実行管理体制とは経営管理体制そのものであり、それについては本章2で「意思決定機関」「業務執行体制」「スタッフ機能」として把握すべきポイントを記述した。ここでは、上記で把握した機関や会議体の日常における運営体制として確認する。具体的には、会社全体の組織編成

と、PDCA の各段階における取引先の推進体制である。

■組織編制

　取引先から組織図を入手した場合、確認すべきポイントは2つある。1つは、(2)で説明した目標指標・管理指標が実際の組織体系に適合するか否かである。具体的には、目標は製品別に設定されているが、組織体制は地域別になっているなどの組織編制上の課題・問題点はないかということである。課題・問題点がある場合は、その理由や現行組織での運用上の工夫点などを確認し、適切な運用が期待できるかを確認する必要がある。

　もう1つは、PDCA の推進組織や関与者等が本当に機能するのかという点の確認である。たとえば、経営計画とその施策を共有する会議体があったとして、組織図上の会議体の社内での位置づけの高低、出席者の範囲・職位などを総合的に判断して、体制の有効性に問題点はないかなどである。

　これらは組織図は入手できなくとも、平素の取引先とのやりとりのなかで把握していくことも可能である。たとえば、現状の組織体制や会議体についての話題に触れることで、「いまの体制では組織は動きにくい」「ある会議体は形式的にすぎて軽視されている」などの声を得ることなどができるだろう。

■Plan（計画）に係る体制

　取引先の経営計画はどのような体制で策定し、決定されたものだろうか。金融機関にとって、取引先の経営計画は投融資の判断や経営状況のモニタリングのための重要な資料であり、その実現可能性はきわめて重要な要素である。したがって、経営計画が机上の空論ではなく、過去の経緯をふまえ、外部環境・内部環境を考慮に入れた実現可能なものである必要がある。そこで、経営計画を受領する際には、どのような体制で策定されたものか確認する。具体的には、どの部署が策定したのか、その実現可能性についての検討はどの程度の議論や調査が行われたのか等である。

　取引先の業績がよく、金融機関に対して強気で出ている場合など、計画策定の体制について説明を求めにくい場合もあるだろう。そうした場合であっ

ても、平素の訪問時に経営計画の策定部署、策定への現業部門の関与度合い等を少しずつ聞き出し、実現可能性の高い計画を策定できる体制となっているか見極められるよう努めるべきである。

■ Do（実行）に係る体制

　経営計画が実現されるには適切な体制が存在する必要がある。取引先が経営計画の実現に注力する場合は、それなりの体制で取り組むであろう。これに対して、金融機関に提出するためにだけの経営計画を策定している場合などは、実行に移す体制は存在しない、ないしは不十分であると思われる。そこで、経営計画を実行に移すために、取引先がどのような体制をとっているのかを確認することが必要となるのである。

　実際には、金融機関が取引先の現業部門の詳細な体制まで把握することはむずかしい面もあるであろう。そのような場合には、経営計画の策定部署と現業部門が経営計画とその実現のための施策を共有化する体制、たとえば会議体の有無、開催の頻度、参加者の職位等を確認していくことでカバーすることができる。経営計画とその実現のための施策が現業部門に伝達され、現業部門が施策の実施を受け入れることで経営計画は実行段階に入るからである。

■ Check（検証）に係る体制

　どのような計画も当初の予想どおり進捗し、実現することは少ない。環境変化の激しいビジネスの世界においてはなおさらである。そこで、経営計画を達成するためには、経営計画の実行段階で、実施の実績・成果と計画を突き合わせ、計画どおりの成果が出ているか否か検証し、差異の原因・要因を分析することが不可欠となる。こうした活動結果をもとに次に触れるAction（修正）段階で、施策の修正・見直し、新たな施策の追加等を検討・立案し、実行に移し、計画実現へと継続して取り組んでいくことになる。

　では、金融機関が検証活動に係る体制を確認する場合には、具体的に何を確認すればよいのであろうか。ここでも、現業部門の詳細な体制まで把握す

る必要はなく、現業部門と経営管理部門が施策の実施結果と計画の差異とその要因分析を共有する体制、たとえば会議体の有無、開催の頻度、参加者の職位等を確認していくことで、取引先の検証体制の概略は認識することができる。

■Action（修正）に係る体制

検証活動で把握した計画と施策の実施結果の差異とその要因分析をもとに、経営計画の達成のために施策の修正・見直し、新たな施策の追加等の検討・立案を行い、それらの実施に移すこととなる。こうした修正活動の体制としては、検証結果をふまえた施策の見直し・修正案、追加施策等の承認・共有がどのような会議体で行われるかを確認する。さらに、外部環境の著しい変化などで経営計画自体の実現がむずかしいことが判明した場合には計画自体の見直しが必要になる場合があるが、そうした対応がタイムリーに行われる仕組みになっているかも確認しておく。

② 実行管理の仕組み

次に把握しておきたいのが、取引先の経営計画の実行管理の仕組みについてである。PDCAのマネジメントサイクルの運営の側面から把握すべきポイントについて述べていく。

■タイムリーな把握が行われているか？

把握・確認すべきポイントの1つ目は、経営状況や業務の執行状況がタイムリーに把握されているかどうかについて確認するということである。本章4では、目標と目標達成に向けての管理指標が具体化されているかを確認していくことを述べた。しかし、目標指標・管理指標が具体的に設定されていたとしても、それが日々の経営管理においてタイムリーに状況が把握され、しかるべき役職者や経営幹部に報告されていないと意味がない。

そこで、以下の3点が主な検証ポイントとしてあげられる。

・月次の決算がタイムリーかつ正確に作成されているか？

・業務計画の進捗状況や施策の進捗状況を中心とする管理指標が必要なタイミングで把握されているか？

・イレギュラーな事象が事業部・部門等で発生した際に、迅速に把握・報告され、必要な対策や意思決定が行われるようになっているか？

「タイムリー」がどの程度であるかについては事業規模や事業の特性によって異なるため、一概にはいえない。しかし経営目標や事業目標をマネジメントするという目的から考えると、一般的には決算状況や重要な管理指標については、月次単位で把握することが必要であると考えてよいであろう。経験則的には、翌月の中旬ぐらいまでには月次決算等の把握とそれに基づく会議等が開催されているケースが多いと思われる。

業務体制や情報システム等の問題で、タイムリーな把握や、把握する情報の正確性・有効性に課題があるケースも多い。業務体制の変更や情報システムの見直しは取引先にとって相応に負荷がかかり、投資が必要になるので慎重な判断が必要であるが、あまりにも経営管理のレベルが稚拙である場合には、取引先に見直しの必要性を働きかけていくことも必要である。

■会議体は有効に機能しているか？

2つ目の把握・確認ポイントは、経営計画の進捗管理を行う会議体についてである。

会議体については、1つはその取引先における会議体としてどのようなものがあり、それぞれの会議体の位置づけがどのように規定されているのかを把握していくという点がある（本章2参照）。この点はすでに記述した。ここではもう1つのポイントとして、それらの会議体が有効に機能しているかどうかを確認していくことが必要であるという点に触れておきたい。経営計画の進捗状況の把握と対策の検討を行う会議体があるということと、それが有効に機能して経営管理上の効果を生み出しているということとは、別問題であるからである。

有効に機能しているか否かについては、2つの側面からの確認ポイントを

提示したい。1つは、その会議体において実質的な討議が行われているかどうかである。多くの会社において、会議自体は規定どおりに開催されているが、運営が形骸化し、状況認識に基づく具体的な対策の検討など、本来討議・意思決定すべきことへの対応ができていないケースが多い。

もう1つは、会議体において、討議・決定された事項が現場にしっかりとフィードバックされ、改善のアクションや方針の見直しが現場にまで浸透しているかどうかである。これも実質的な討議と同じく、会議体において検討・決定された方向性がなかなか現場にまで浸透せず、必要な行動の見直しに結びついていないケースが多い。

以上の2つの点をどのようにして把握・確認するかについては、資料等で把握できるものではないので、若干のむずかしさはある。形式的には会議は開催されており、議事録等も一応整備されていたりするからである。しかし、取引先とのコンタクト・コミュニケーションの頻度と密度を高めていくことで、経営幹部との会話ややりとりのなかから、その取引先における会議体が実質的に機能しているかどうかを徐々につかんでいくことは可能である。

また、会議体での討議内容や進捗報告の内容からは問題なさそうにみえていたが、一定期間経過してみると、実はそうではなかったというケースもある。時系列で会社の重要会議体での討議・決定内容とその後の経営状況や各活動の進捗をみていくことで、取引先の経営管理の巧拙のレベルを把握していくことができる。把握がむずかしい点ではあるが、逆に把握することができれば、取引先が設定している経営計画の蓋然性についての評価も、より適切に行うことができるようになるであろう。金融機関としては非常に重要なポイントであるといえる。

(4) 人材はどうか？

最後の確認のポイントは人材である。会議体の把握とも重なる面もあるが、経営計画の実行管理について、どのような人材がそれに対応しているか、ま

た、将来にわたって経営計画の実行管理を中心とする経営管理の機能を担う人材が経営の各階層にしっかりと備わっているか、ということを確認していくことが必要である。

　大企業の場合は、経営管理系の人材に課題があるケースはそれほど多くはないが、中堅企業や中小企業の場合は、社長を中心とする少数の経営幹部しか経営企画・事業企画・経営管理の機能を担いうる人材がいないケースがある。いわゆる「ワンマン経営」で、社長や創業者が１人でほぼすべての事項を切り盛りしているようなケースも多いであろう。

　少数で経営の企画・管理を進めている体制は、短期的には意思決定とその浸透がスピーディーに行われるというメリットがある半面、中長期的な経営体制の維持・強化という側面からは必ずしもよいとはいえない。取引先にとっても金融機関にとってもリスクの高い状況にあるといえるだろう。

　経営幹部人材の把握を進めていく際には、現在の体制はどうなっているのかを確認していくことも重要であるが、５年後・10年後という中長期の先を見据えてみてどうかという視点も重要である。いわゆるオーナー企業における社長の後継者ということだけでなく、後継者を含む次世代の経営幹部チームとしての人材の厚みがどうかという視点である。

　金融機関と取引先との取引関係は通常長期間にわたって継続していく性質のものである。したがって、金融機関の立場からも会社の経営チームの強化と継続性を把握していくことは重要である。そして、経営幹部人材の力量を把握しておくことは、取引先の業績拡大の余地や、取引先が設定している経営計画に対しての蓋然性を評価していく際の重要な要素の１つになるはずである。

　また、経営幹部人材の把握とは若干異なるかもしれないが、金融機関としてはライン部門（事業部・営業・製造・開発等）の幹部やキーマンを把握すること、ないしはそれらの人材とのリレーションを強化することも重要である。金融機関の担当者の日常の窓口は経理・財務部・企画部門などのスタッフ系

の部門であることが多いため、ライン部門とのコンタクトやリレーションが相対的に薄いのではないかと感じることが多い。大企業の場合は、さらに絞られ、経理・財務部門とのコンタクトしかなく、経営企画・事業企画部門等とのリレーションもつくれていないことがあるように感じる。

　ライン部門の幹部やキーマンとのコンタクト・コミュニケーションが増えると、取引先の経営状況がさらに正確に把握できたり、経理・財務部門と接していただけでは気づかない会社の強み・特徴を認識したりすることにもつながる。また、今後の投資計画や事業拡大の計画など、ライン部門が抱えている経営課題に触れることもあるであろう。本書のテーマである取引先の経営実態把握や、取引先の経営計画の蓋然性の検証の強化にもつながっていくのである。

6　取引先との関係づくりについて

　本章の最後として、経営計画の把握とその実行管理という側面を中心に、金融機関の方々が取引先との間で進めるべき関係づくりについて述べる。取引先の経営実態把握を進めるという視点からも、そして、取引先の経営へのサポートを強化するという視点からも、次のようなことを各取引先に対して進めていくことができるとよい。

　1つは、前述した取引先の目標や管理指標を把握し、共有するという関係づくりである。資料等でのやりとり・共有ということでいえば、経営計画書を入手するということになるが、必ずしも経営計画書の入手に限るものではない。大切なのは、今後の事業展望を把握することであり、そして、事業展望における重要成功要因について双方で認識の共有を図ることである。

　次に、経営計画の進捗状況を定期的に確認することである。毎期毎期の決算説明等の説明を取引先から受けることは一般的に行われていると思うが、さらなる関係強化の視点からは、把握・共有した目標や重要成功要因の進捗

状況も共有していくことが望ましい。それにより経営状況の変化に応じた取引先のニーズの把握も進むであろう。

　上記と重なる点でもあるが、経営者や経営幹部との日常のコンタクト機会を増やすという点も重要である。最近は金融機関の人員構成の変化（若手担当者の増加）や業務環境の変化もあり、以前に比べて経営者や経営幹部の方々とのコンタクト機会が減ってきている。ある程度意識して意図的に経営者や経営幹部とのコンタクト機会を増やしていくことが必要ではないか。

　そして、以上をすべて包含した形になるが、各取引先とのコンタクト・コミュニケーションの戦略を具体化していくことが必要である。経営者・経営幹部はもちろんのこと、ライン部門の幹部・キーマンを含めて、どの階層・役職の方々とどのような関係強化を図っていくかの活動計画を中長期的な視点で設計し、日々の訪問機会のなかで徐々に実施していくのである。そのような活動を継続することが、取引先からみた場合には金融機関との距離感を縮めることにつながり、金融機関からみた場合には取引先の実態把握を強化することにつながるのである。

　金融機関と取引先は資金の「出し手」と「受け手」という特殊な関係であるため、経営計画の共有や進捗状況の共有を含めて、なかなか実現がむずかしい要素もある。しかし、本来の金融機関の使命に立ち返ると、企業と金融機関がいま以上に「共存共栄」の関係になるような活動を地道に進めていくことは非常に大切であり意義があることである。

〈企業概況の把握のためのチェックリスト〉

○企業集団について	
株主について確認する（株主、持株数、議決権比率、支配株主／株主グループ、株主間の関係、出資目的等）	
取引先からの出資先について確認する（出資先・出資目的・出資金額・出資の内容・出資比率、人的関係、管理体制・経営状況、出資先との取引等）	
貸出先について確認する（貸出先、人的関係、融資以外の取引、貸出金額・条件、貸付金の使途等）	
借入先について確認する（借入先、人的関係、借入れ以外の取引、借入金額・条件、借入金の使途等）	
債務保証先について確認する（債務者、人的関係、保証金額、保証の種類、保証以外の取引、債務者の状況等）	
取引先の債務についての保証人について確認する（保証人、人的関係、保証人の状況等）	
上記を総合し、また、取引関係等の整理と突合し、不明な点がないかを確認する	
上記をふまえて、企業集団としてとらえるべき範囲を特定し、取引先と共有・合意する	
○事業内容とビジネスモデルについて	
概略の事業内容を把握する（製品・サービス、属する業界、影響を受ける業界等）	
業界特有の商慣習、会計慣行等はないかを確認する	
ビジネスモデル（利益を生み出す仕組み）を把握し、ビジネスモデル上のリスク要因を想定する	
○事業体制の把握について	
組織図・拠点一覧を確認する	
概略のビジネスフロー（業務や仕事の流れ）を確認する	
○経営管理体制について	
意思決定機関とその状況を確認する（機関・会議体の種類、社内での位置づけ、開催頻度、開催形態、出席者、会議資料・議事録の状況、意思決定	

の流れ等)	
業務執行体制とその状況を確認する（執行機関、担当事業・機能、過去の実績、社内外の評価・評判、キーパーソン等）	
スタッフ機能とその状況を確認する（部門、陣容、担当機能、知識・経験の水準等）	
○経営管理資料について	
取引先が作成している経営管理資料を確認する（財務諸表・申告書関連での作成資料、経営計画関連資料、計画・実績管理に関する資料等）	
経営管理資料の作成プロセスを確認する	
経営管理資料の作成ロジック・前提条件を確認する	
経営管理資料の事実との関連性を確認する	
経営管理資料に関する課題・問題点について取引先と話し合い、改善要望を伝えていく	
○過去・現在の経営成績の分析について	
投融資の回収原資を生み出す事業は何かを把握する（事業別・拠点別、製品別等）	
各事業ならびに全社の成長性・利益性・効率性の傾向と課題を把握する	
○会計情報について	
会計事実を正確に認識して会計情報を作成する仕組みが整備・運用されているかを確認する（会計処理の側面、資産等の劣化の側面）	
連結の範囲が妥当であるかどうかを確認する	
主要な会計方針に問題がないかを確認する（減価償却・棚卸資産の評価等）	
セグメント情報の作成ロジックを確認する	
会計情報に関する課題・問題点を取引先と共有する	
○経営計画について	
経営計画・経営計画書を把握・入手する	
経営計画における収益面・財務面の目標を分析する（成長性・利益性・効率性）	
経営計画策定の背景にあるロジック・前提条件や根拠データを確認する	

○経営計画の実行管理の体制・仕組みについて	
経営計画の目標指標ならびに管理指標は何かを把握する	
金融機関として定期的に把握・モニタリングしておくべき指標を想定し、取引先と共有する	
経営計画の目標体系と組織編制に齟齬・不具合がないかを確認する	
Plan・Do・Check・Action（計画・実行・検証・修正）についての体制・機能を把握する	
経営状況や業務の執行状況がタイムリーに把握・報告される仕組みとなっているかを確認する	
主要な会議体がそれぞれ有効に機能しているかを把握する	
経営管理の機能を担う人材は十分で適材適所に配置されているかを把握する。また、将来に備えた人材の獲得・育成は行われているかを把握する	
上記についての課題・問題点を取引先の経営者・経営幹部と共有する	
○取引先との関係づくりについて	
事業の展望・目標・課題を経営者・経営幹部と共有することを意図した関係づくりを企図する	
ライン部門を含む主要部門のキーパーソンを把握し、キーパーソンとの関係づくりを企図する	
取引先との関係強化や情報収集の強化を進めるための中長期的な活動計画を検討する	

第3章

外部環境の把握

　企業が戦略を立案するにあたっては、正しく外部環境を把握していることが不可欠です。誤った外部環境認識からは、誤った戦略が立案されてしまうのです。金融機関としては、取引先の経営戦略・計画を検証する際、それらが外部環境の把握・認識の上に作成されたものであるかを確認しておく必要があります。

　外部環境にはさまざまな要素があり、取引先の業種・業態によって確認しておくべき要素は異なる面がありますが、この章ではそのなかの代表的なものとして、「業界動向」と「市場概況」についての把握のポイントを示しています。取引先の外部環境認識に、重大な漏れがないかを確認するために活用してください。

　また、多くの金融機関や取引先でも利用されている「SWOT分析」を紹介します。SWOT分析は外部環境の整理のほか、取引先の「強み」「弱み」など、経営課題導出にも役立てていただくことができます。

1　外部環境把握の目的

　企業の業績に影響を与える要素は大きく2つある。1つは各企業の経営努力。もう1つが外部環境である。
　後者の代表例は、たとえば、景気の変動によって受注が増減し、結果として利益が影響を受けている、新たな競合の出現によって業績が悪化するなどである。また、これまでの納入先が調達方針を変更することになり、厳しい価格低減要求を突きつけられることもある。各企業が存続し成長するには、これら外部環境の変化を把握したうえで、経営戦略および計画を立てなければならない。
　金融機関として、取引先の業績動向は注視しているであろう。しかし、取引先が、どういう外部環境認識のもとで経営計画を立てているかの確認が、十分でない場合もあるのではないだろうか。
　以下では、取引先の経営計画が十分な外部環境把握を基礎としたものであるかを、金融機関として確認する方法について述べていく。

2　業界動向の把握

(1) 業界動向の把握とは

　業界動向の把握とは、取引先が属する業界に関係するプレイヤーや要素の動向から、取引先を取り巻く環境の変化を読み取ろうとするものである。ここでは、その主要なものとして、①現在の競合、②製品・サービスの買手、③材料などの売手（サプライヤー）、④新規参入、⑤代替品の5つを取り上げる。5つとも、取引先の売上高や利益率に影響を与える存在である。金融機関としては、取引先の経営計画が、これらのプレイヤーや要素の動向を把握

図表3－1　業界動向に関係するプレイヤー5者

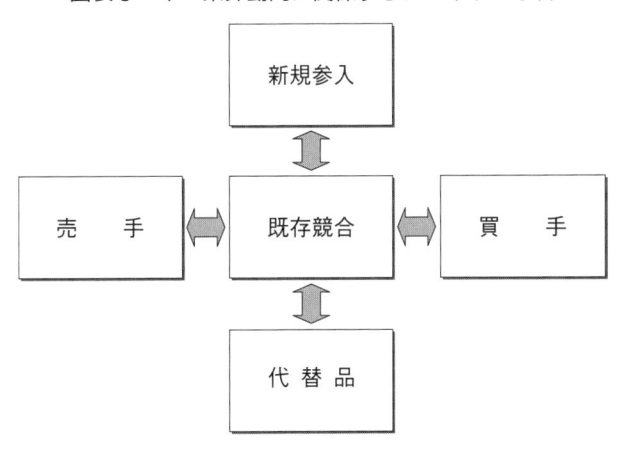

```
            ┌──────────┐
            │  新規参入  │
            └────┬─────┘
                 ⇕
┌──────┐       ┌──────┐       ┌──────┐
│ 売 手 │ ⇔ │ 既存競合 │ ⇔ │ 買 手 │
└──────┘       └──────┘       └──────┘
                 ⇕
            ┌──────────┐
            │  代 替 品  │
            └──────────┘
```

したうえで立てられているかを確認しておくことが望ましい。

　以上の5つを業界の競争要因としてとらえ、業界の競争の激しさを分析する手法は一般に「ファイブ・フォース分析」として知られている。マイケル・ポーターがその著書である『競争の戦略』で提示した考え方である。

　ここでは、ファイブ・フォース分析の考え方も交えつつ、それぞれの動向を把握するポイントについて述べていく。

① 既存競合の動向

　業界動向を把握するにあたって、まずは既存の競合他社の動きを確認したい。日常的にバッティングしている競合他社については取引先も普段からその動向を意識しているだろう。そのほかに、直接の競合ではなくとも、業界内大手の動向には注意すべきである。

　確認しておくべきことは、競合各社が今後どのような事業方針をとるかということである。仮に、同業の大手企業が工場新設により生産増強を予定しているようなことがあれば、需給バランスが変化し、価格競争が激しくなる可能性がある。取引先は、このような事態に対する対策が求められよう。

一方、コスト競争力のない企業が当該事業から撤退するならば、供給能力が削減されることになる。場合によっては、価格競争が緩和され、取引先の利益率が回復するかもしれない。また、取引先の財務体質に余力があるならば、コストダウンのための投資を行うことで、淘汰後の市場でのポジションが優位になるかもしれない。

　既存競合の動向について整理する際には、業界の市場規模やシェアの推移についてもまとめておくとよいが、これに関しては、次の「3　市場概況の把握」で述べる。

② 買手の動向

　次に、取引先が提供する製品・サービスの買手の動向を確認する。買手とは直接の販売先だけを指すのではなく、販売先のさらに先にいる最終購買者までを考えることが必要である。

　買手の変化については、需要の量と質の双方の変化を考える。量の変化とは、需要の総量および総額の変化である。買手は今後、当該製品・サービスの購買を増やそうとしているのか、減らそうとしているのかを把握しておきたい。そのためには、直接の買手の業績推移や今後の事業計画から傾向や方針を把握する必要がある。また、その先の最終購買者のニーズの変化を定量的に把握していればさらによい。

　需要の質の変化とは、買手が製品・サービスに求めることの変化である。環境性能が優れていることや安全であることなどがより重視されるようになる、などがこの例である。最近の発注内容や顧客からの要望に変化がみられたかどうか、それらの変化を認識し対応する仕組みが取引先にあるかどうかなども確認すべきポイントとなる。

　また、買手の勢力変化も押さえておくべき事項である。勢力変化とは、買手における競争により、買手のなかで淘汰が起こり、上位企業の寡占が進むことなどである。寡占が進んだ買手は価格交渉力が強くなる。取引先の利益

率低下がみられる場合の原因として買手の勢力変化が考えられないか、注意する必要がある。

③ 売手の動向

　売手、つまり取引先が製品・サービスを購入しているサプライヤーの動向を確認する。売手についても買手と同様に、直接の供給業者だけでなく、業種によっては供給業者のさらに前の資源や原材料にまでさかのぼって、変化を押さえておくことが必要である。

　把握しておくべき売手の動向としては、まず供給姿勢があげられる。低価格化が進み供給量を増やすのだろうか。それとも、採算性を向上させることを目的に供給量を絞るのであろうか。売手の各企業によって姿勢は異なることが多いが、個社の動きでなく、業界としてのトレンドを押さえることが重要である。

　2つ目として、売手同士の競争の変化があげられる。新規参入が多く競争が激化しているのか、再編が進み寡占度が高まっているのか。寡占化が進み、大手が供給をコントロールしようとしているのであれば、取引先は価格交渉において不利になる可能性がある。買手、売手も含めた商流において、最も販売力のあるプレイヤーが価格決定権をもつ。

　3つ目として、売手の川下進出に注意する。資本力のある供給業者が本格的に川下への参入を図っている場合、取引先にとって大きな脅威となりうるであろう。

④ 新規参入の動向

　業界への新規参入の動向を確認する。大きな設備を必要としない業界、典型的には外食産業などでは、頻繁に市場参入および撤退が行われている。直接バッティングする店舗では競合対策が講じられているであろう。新規参入においてさらに注意が必要なのは、他業界の大手企業の参入や、規制緩和な

どによる参入障壁の軽薄化などである。

　一般的に、大手企業であれば、営業力や技術力などの経営資源を相応に備えていると考えられる。こういった強力な企業の参入は、顧客の取合いや価格競争などを引き起こす可能性がある。早めの対応をとらなければ、取引先は市場地位を大きく損なう場合もある。

　また、規制が緩和されると新規参入が大幅に増えることが予想される。これも、競争の激化を招くであろう。これまで新規参入が少ないことが理由で、競争が比較的緩やかだった業界であれば、既存企業にとっては大きな脅威となる。

　新規参入が活発化すると、既存の企業は新たな競争環境に直面する。新たな競争環境で生き残るための取引先の対策と方針を確認していくことが必要となる。

⑤　代替品の動向

　5つの競争要因の最後に、代替品について確認する。代替品とは、買手にとって既存の製品・サービスと同じ機能を得られる製品・サービスのことである。製品については技術進歩による代替があり、サービスについてはビジネスモデルの革新による代替がある。フロッピーディスクがCD-ROMへ、さらにUSBメモリーなどに取ってかわられたが、これは技術進歩による代替の一例である。また、カーシェアリングは、自動車の販売に対するビジネスモデルの代替品といえる。

　代替品は登場後すぐに市場を席巻するものではないため、どうしても発見・認識が遅れがちになってしまう。また、取引先はこれまでの自社の成功体験があり、代替品については否定的な見方をすることが多い。しかし、代替品の存在感が大きくなってからでは、対応がむずかしくなってくる。市場で認められるようになってきた代替品については軽視せず、小さな脅威のうちに対応策を検討・実行しておくべきであろう。

(2) 外部環境をみる視点

　企業の経営戦略・計画は、上で述べた5つのプレイヤー・要素以外にも、政治・法律・経済・社会情勢・技術などのマクロ環境の変化にも影響を受ける。

　規制緩和により新規参入が増えるであろうこと、技術革新により代替品が生まれることはここまでに触れた。そのほかに、経済環境が悪化すれば、買手の購買意欲が低下する。高齢化の進展、環境意識の向上などは、買手のニーズに影響を与えるであろう。海外において自国産業保護が重視されるようになると、天然資源の入手が困難となることもありうる。

　新聞やビジネス誌などで大きく取り上げられているマクロ環境の変化が、取引先の事業にどういう影響を与えるのかという視点を日頃からもっておくことが大切である。

　業界動向の予測は、業界アナリスト等の専門家であっても百発百中はありえない。業界で事業を行っている取引先についても同様である。金融機関としては、取引先が「外部環境を把握・認識しているか」「その把握のプロセスや認識の根拠に確からしさはあるか」「外部環境の変化への対応は検討されているか」「変化をモニタリングする仕組みはあるか」といった、取引先の取組みや、環境認識の根拠を確認することが必要である。

(3) 事　　例

　ここでは業界動向の把握に関する事例として、ドラッグストアを取り上げる。事例では主要な変化しか取り上げていないこと、また2009年4月時点のものであることに注意していただきたい。

■ドラッグストア
・既存競合：M&Aで規模を拡大する企業があり、寡占度が高まってきている。短期的には、新規出店数を絞る企業が多い。

- 買手：消費者はより安い商品を求める傾向にある。このため、ドラッグストアは価格競争を強いられている。
- 売手：大衆薬や日用品卸は再編され、寡占となっている。しかし、売上高の維持または拡大を目指すために価格競争をしており、ドラッグストアにとっての大きな脅威にはなっていない。
- 新規参入：改正薬事法により参入が比較的容易になり、スーパーやコンビニエンスストアが参入している。当面において、ドラッグストアにとっての最大の脅威である。
- 代替品：医薬品に関するインターネット通販は、規模がまだ小さいうえに、販売に関する規制が存在する。

3　市場概況の把握

(1)　市場概況と戦略の妥当性

　業界動向と同様に、市場を考慮したうえで、企業は経営戦略・計画を立てることが必要である。市場が拡大している場合と、市場が縮小している場合では、とるべき戦略が異なるのは、直感的にも理解できよう。

　よって、金融機関としては、取引先が市場概況の把握をできているか、そして、それに基づいた戦略が検討・立案されているかを確認しておくことが必要である。

　市場概況の把握とは、市場規模やシェアの推移を整理し、さらに当該市場の成熟度を推定することを指す。

　企業は、市場にて勝つために各種の戦略を立案・実行しているが、市場の成熟度に応じて競争に勝つためのポイントが、定石として経験的に得られている。この「勝つためのポイント」のことを、以下では「重要成功要因」と呼ぶことにする。

取引先が、「当該市場において勝つための重要成功要因を認識しているか」「取引先の戦略は重要成功要因を意識したものになっているか」を把握できるとよいだろう。

必ずしも定石にのっとった戦略だけが正しいわけではなく、定石でない戦略で勝ち抜こうとする企業もある。この場合でも、市場の状況を理解せずに戦略を組み立てているのか、一般的な定石を理解したうえで、あえて異なる戦略をとっているのかを判断し、なぜそのような戦略を策定しているのかを理解していくことは必要である。

(2) 市場の概況整理

市場の概況として把握・整理すべき主要なこととして、①これまでの市場規模推移、②主要企業動向、③将来市場予測、④シェア推移がある。

① 市場規模推移

単年度の市場規模だけでなく、過去の市場の成長率からその推移を把握する。直近5～10年の市場規模推移を入手できていることが望ましい。これにより、近年の市場規模推移のトレンドを把握する。市場がまだ伸びているのか、あるいは飽和・減少しているのか、伸びる割合がどうかを確認する。市場規模については、政府が発行する工業統計・商業統計・家計調査など、または業界団体等で取りまとめている統計データが信頼性も高く、入手も容易である。一部の業界については、業界紙や調査会社が詳細な調査を行っている場合がある。これらは、㈳金融財政事情研究会の『業種別審査事典』に整理されている業種もあるので、必要に応じて参考にしていただきたい。データで入手できない場合は、近年の主要企業の動向、買手の動向などから、市場規模の推移傾向を推定する。

② 主要企業動向

　業界内主要企業が、将来に向けてどのような打ち手を講じているかを整理する。工場を新設しようとしているのか、生産ラインの統合を行うのか、営業所を開設しようとしているのか、などである。各社のIR資料などから今後の投資に関する記載を確認する。これにより、業界内の主要企業が、今後の市場動向について拡大と読んでいるのか、縮小すると予測しているのかがわかり、業界をリードする主要企業の投資による市場への影響を推測する。

③ 将来市場予測

　将来の市場の拡大・縮小の傾向と幅を予測する。一部の業界に関しては、将来市場の予測を調査会社などが立てている場合がある。しかし多くの場合は、これまでの推移や主要企業の動向に、買手側の動向などを勘案して、拡大・縮小の傾向を予測することになるであろう。

④ シェア推移

　取引先のシェアだけではなく、上位企業のシェア推移を整理する。シェアの推移から、寡占度はどの程度か、また寡占が進行しているのかということが確認できる。特定した業界の市場の成長率と上位企業の売上高の伸び率を比較し、市場の成長率以上に上位企業の売上高が伸びている場合は、寡占化が進んでいるととらえてよい。一般的に上位企業の寡占化が進むと、市場は飽和状態に近づいていると判断できる。データで入手しようとする場合は、業界紙や調査会社の調査に頼ることになる。データの入手がむずかしい場合は、近年の参入・撤退状況、M＆Aなどによる再編、大手企業の営業攻勢などの定性情報から、寡占度の変化傾向を推定する。

(3) 市場の成熟度と重要成功要因

　市場の概況が整理できれば、市場の成熟度を特定し、成熟度ごとに経験的

図表３－２　ライフステージと重要成功要因

市場概況	（導入期）	（成長期）	（発展期）	（成熟期）	（衰退期）
	新規参入が多い	有力企業が決まり始める	上位企業による寡占化進行	上位企業による寡占	事業撤退・縮小する企業が増える
重要成功要因	新技術/スキルの獲得　新規製品市場の開拓	オペレーションの構築　↓　マーケットポジションの確立	差別化/集中化	適正規模の再構築　コストリーダーシップの獲得	計画的撤退

（縦軸：市場規模、横軸：時間）

に整理された重要成功要因を確認する。

① ライフステージ

　製品ライフサイクルは広く知られた概念であるが、業界にもライフサイクルがあると考えられている。業界が立ち上がった導入期から、成長期、発展期、成熟期を経て衰退期へ至る。この市場の成熟度をライフステージと呼ぶ。ライフステージを特定するには、今後の市場予測と寡占度を参考指標として利用する。それぞれのライフステージの特徴は以下のとおりである。

・導入期：市場の成長率はまだ低い。新規参入が多い段階であり、寡占度は低い。
・成長期：市場全体の成長率が高い。市場から撤退する企業が出始め、有力企業が確定し始めるが、寡占状況にあるとはいえない。
・発展期：市場成長率に鈍化がみられる。上位企業による寡占化がみられ始

める。
- 成熟期：市場規模は微増または横ばい。上位企業による寡占が進む。
- 衰退期：市場の縮小が始まる。撤退や規模を縮小する企業が増え、寡占度は高まる。

② 重要成功要因

各ライフステージにおける重要成功要因を確認する。重要成功要因は現在の市場において他社との競争のポイントを示し、さらに次のステージにおける優位性を保つために企業が検討すべき点を示唆している。
- 導入期：新技術・スキルの早期確立が必要である。同時に、市場における認知を得て顧客を増やす市場開拓の戦略と活動も重要である。
- 成長期：マーケットでの地位確立のために、効率的な生産体制や強力な営業網など、オペレーションの優位性の構築が鍵となる。
- 発展期：成長期を生き残った企業は、他社との差別化を図ることで多様な顧客ニーズに応えようとするか、経営資源を集中させることでさらなるオペレーションの効率化を行うかを選択することで、競争での勝抜きを目指す。
- 成熟期：市場の伸びが鈍化するのに合わせ、生産拠点や物流拠点・営業拠点などの再構築が課題となる。また、製品・サービスのコモディティ化（日用品化・標準化・陳腐化等）が進行し、差別化がむずかしくなるため、調達・生産・販売・管理など企業活動全体において、低コスト化を実現することが生残りの決め手となる。
- 衰退期：市場の縮小に合わせて、事業の縮小や撤退時期を見極める。

(4) 事　　例

市場概況把握の事例として携帯電話業界を取り上げる。ここでは、携帯電話の加入状況を分析の対象としている。

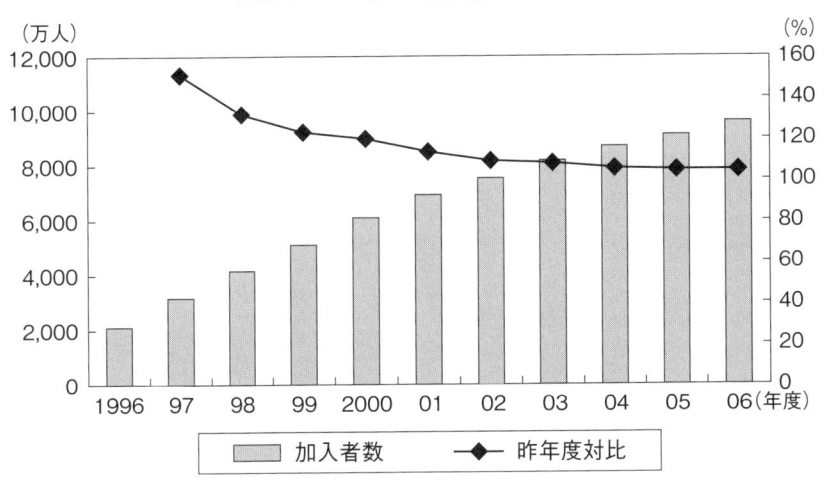

図表3－3　携帯電話加入者数推移

(出所)　社団法人電気通信事業者協会

① 市場規模推移

　図表3－3のグラフは、社団法人電気通信事業者協会の資料から作成した、携帯電話加入者数の推移である。

　加入者数の増加はいまだ続いているものの、加入者数増加率は低下してきていることがうかがえる。

② 主要企業動向

　大きな流れとしては、新規の加入者数を増やすことから、既存契約者を囲い込むこと、または他社契約者を取り込んでいくことに主な活動が移っていっている。このため、長期の契約者には割引を適用するなど、通信料における競争が激しくなっている。

③ 将来市場予測

　2007年3月の段階で加入者数が、約9,600万人であり、ほぼ普及し尽くし

たといえる状況である。そのため、今後も加入者数が大きく増えることはないであろうと思われる。

④ シェア推移

通信業界は初期投資が大きいため、参入が容易ではなく、企業数が少なく寡占である。

⑤ ライフステージと重要成功要因

加入者数がほぼ横ばいになってきていることから、成熟期にあると考えられる。重要成功要因は事業の再構築と低コストでの運営である。これにより、通信料を下げることで自社の優位性を契約者に示していく。

4　SWOT分析

ここまでは主に、外部環境の変化を正しく認識することに重点を置き、その考え方を紹介してきた。当然ながら、目的は変化を認識することではなく、変化に対応することである。

ここでは、SWOT分析のフレームワークを用いて、外部環境の変化、そのなかでも特に「O（Opportunity、機会）」への対応策をいかに抽出・整理するかを提示する。

SWOT分析は、取引先の経営課題を整理するための手法として有効である。機会があれば、取引先と議論しながら作成し、経営課題を共有することにもチャレンジしていただきたい。

(1) 機会と脅威の認識

機会と脅威は外部環境の変化から読み取ることができる。外部環境の変化のうち、取引先の事業にとって有利となる変化が機会であり、不利となるも

のが脅威である。機会はさらに、売上拡大の機会と費用低減の機会に分類できる。

　売上拡大の機会は、多くの場合買手側の変化から生じる。典型例としては、買手側産業の増産や、減税効果による消費意欲の高まりなどがあげられる。また、競合企業もまだ十分に対応できていないニーズの拡大も機会である。たとえば、健康意識の高まりという消費者の変化は、体脂肪の低減、栄養素の適切な補給など、過去に製品化されていないニーズを生み出した。この例のように、新たなニーズを発見しすばやく対応できれば、当該ニーズに対応する製品分野では、高いシェアを握ることができるかもしれない。そのほか、競合企業の事業縮小・撤退なども売上拡大の機会であろう。

　業種によって異なるが、全体に占める割合の大きい費用としては、仕入費用・外注費用・人件費などがあげられる。費用低減の機会とは、これらの費用を縮小できる可能性の存在を指す。たとえば、仕入費用低減の機会としては、売手側で技術代替が起こり、材料の単価が大きく低減できることなどが一例である。

　一方、脅威とは機会の逆であるので、売上逸失の脅威と費用増大の脅威がある。そのほかに、競争激化による利益率低下の脅威もあろう。考え方は機会の場合とほぼ同様である。

(2)　強みと弱みの認識

　機会と脅威が外部環境の変化を評価したものであったのに対し、強みと弱みは、取引先自身の企業活動における経営資源の蓄積などについて、競合との比較・相対評価を行うものである。外部環境に対して、一般に「内部環境」といわれる。

　企業活動とは、製造業であれば研究開発・調達・生産・物流・販売・保守サービスなどの事業を行ううえでの主要な機能である。これらの企業活動のうち、他社よりも高い水準で実行し、顧客満足の獲得に寄与している活動が

強みといえる。

　一方、経営資源とは、「ヒト、モノ、カネ、情報」と表現されることが多い。ヒトは人材や組織体制、モノは設備や製品、カネは資金、情報は知的財産や各種ノウハウ・顧客情報などの無形資産を指している。これらは、企業活動を円滑に行うために必要な要素である。そのため、経営資源は一般的に豊富であることが強みとなるが、人材や設備に関しては、過剰である場合には弱みとなってしまうことがある。

　企業の強み・弱みは、各企業活動における経営資源の蓄積である。たとえば生産の強みとしては、最新の設備と多品種少量生産へ対応するノウハウを保有しており、短納期への対応ができるなどと表現される。弱みについても同様に、どの企業活動において、どのような経営資源が欠如しているかや、企業活動における課題や問題点である。

(3) 機会・脅威への対応

　認識した機会・脅威と、強み・弱みを掛け合わせてみることで、取引先が対応を検討すべき「打ち手」の候補が抽出・整理される。この候補のことを「戦略のオプション」という。

　戦略のオプションについては、期待できる効果や実行の難易度などを基準にして、実行の優先度をつける必要がある。また実行するうえでのリスク要因なども整理していく。機会に対して取引先の強み、つまり既存の経営資源を生かして対応できるならば、一般的に対応の難易度は低いと考えられる。一方、機会を生かすのに必要な経営資源の蓄積が取引先内部に十分でない場合は、実行が容易でないことが多い。たとえば、新興国での市場拡大が見込まれているが、取引先はまだ進出しておらず、市場調査も実施していない場合を考えてみよう。この場合、取引先が単独でじっくりと市場開拓に取り組むという選択肢のほか、新興国に販売網をもっている企業との提携などが戦略のオプションとして考えられる。

図表3－4　SWOT分析

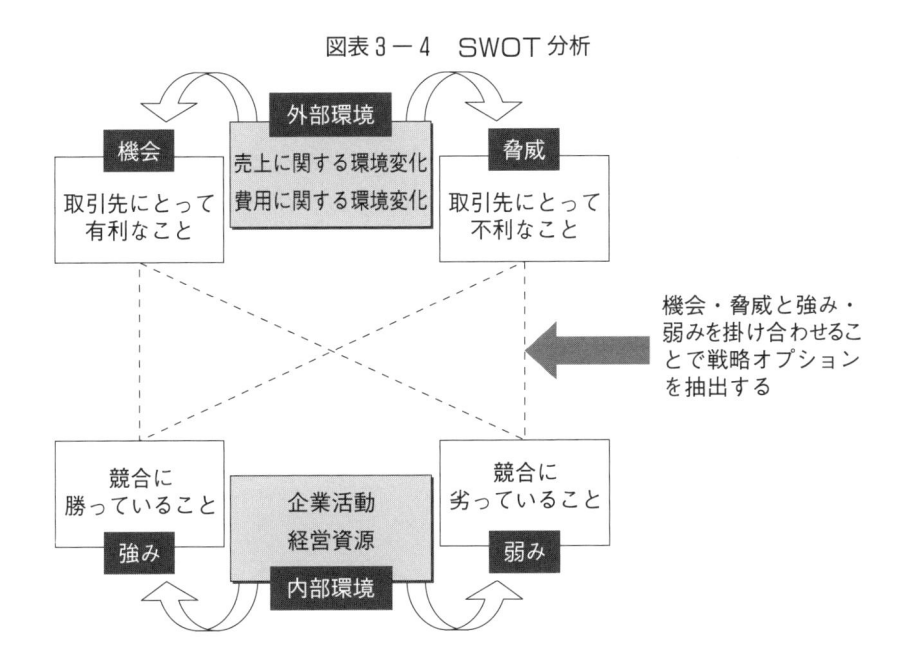

```
        ┌─────────┐
        │ 外部環境 │
 ┌────┐ │売上に関する環境変化│ ┌────┐
 │機会│ │費用に関する環境変化│ │脅威│
 ├────┤ └─────────┘ ├────┤
 │取引先にとって│      │取引先にとって│
 │有利なこと  │      │不利なこと  │
 └────┘              └────┘
                        ← 機会・脅威と強み・
                          弱みを掛け合わせるこ
                          とで戦略オプション
                          を抽出する
 ┌────┐ ┌─────────┐ ┌────┐
 │競合に  │ │ 企業活動 │ │競合に  │
 │勝っていること│ │ 経営資源 │ │劣っていること│
 ├────┤ │ 内部環境 │ ├────┤
 │ 強み │ └─────────┘ │ 弱み │
 └────┘              └────┘
```

脅威への対応についても、考え方は同様である。

　金融機関としては、取引先の事業の外部環境を認識すると同時に、取引先の強み・弱みとその変化を適宜把握しておくことが必要である。そのことが、取引先の事業拡大の可能性、経営目標の達成可能性、経営計画の蓋然性などを適切に把握・評価していくことにつながっていくからである。

〈外部環境の把握のためのチェックリスト〉

○業界動向の把握に関連して	
既存企業の動向を整理する	
買手の動向を整理する	
売手の動向を整理する	
新規参入の動向について大きな変化がないか確認する	
脅威となりそうな代替品がないか確認する	
取引先に大きな影響を与えるマクロ環境の変化がないか確認する	
脅威が存在する場合、その対応策について確認する	
○市場概況の把握に関連して	
直近5〜10年の市場規模推移を入手する	
主要企業の動向を確認する	
将来市場について予測する	
シェア推移を確認する	
ライフステージを確認し、重要成功要因を特定する	
○ SWOT分析に関連して	
外部環境の変化から、機会と脅威を認識・整理する	
取引先の強み・弱みを認識・整理する	
対応すべき機会・脅威について戦略オプションを抽出・整理する	
戦略オプションを評価し、実行優先度やリスク要因についての認識を整理する	

第 4 章

成長戦略の確認と蓋然性の検証

　この章では、取引先が企図している成長戦略を、金融機関として客観的な視点から確認・整理し、その蓋然性を検証する方法について述べていきます。

　一般的には、成長戦略の概要把握、ビジネスモデルの理解、勝ち方の整理、実行体制・状況の確認のステップで進めていくことになります。ここでは、成長戦略の内容について、正しさを検証しようとしたり、細かい不備を探ることを主目的とはしていません。取引先の考えている成長戦略を順序立てて整理することが重要だと考えているからです。

　取引先の事業について詳細に聴取することをためらう金融機関担当者もおられるかもしれません。しかし、実際に聴取してみると、自社の事業について積極的に説明してくれる取引先が多いことに気づくでしょう。本章で説明する視点も活用しながら、取引先の成長戦略を把握・理解し、さらなる関係深化に取り組んでください。

1　成長戦略の確認

「はじめに」において、金融機関が取引先の成長戦略を十分に検証しなかったことによる失敗例をあげ、取引先の成長戦略の把握およびその検証の重要性を指摘した。その重要性はだれしもが認めるところであると思うが、その検証方法を問われると、心もとないということはないだろうか。たとえば、こんな経験をしたことはないだろうか。

取引先から業容拡大についての話を聞く機会をもったが、金融機関としてその業容拡大の勝算について一定の確信をもつには、どうも何かが足りない気がする。しかし、取引先の思い入れが強く、真剣に取り組むようなので、信じてよいだろうと考えた。

たしかに、取引先の成長戦略はしっかり聴取している。しかし、それだけでは取引先の成長戦略を客観的な視点からみつめることができたとは言いがたい。成長機会に挑もうとする姿勢は重要ではあるが、それだけで成長戦略の可否を判断することはできないだろう。

以下では、取引先の成長戦略を確認・整理し、その蓋然性を検証していくためのステップの手順の一例を紹介する。そして、確認・整理していくにあたり、どのような点に注意すべきかについても述べていく。

(1)　成長戦略の方向性

まず、取引先がどのような成長戦略を描いているのかを確認することから始めよう。取引先が複数の事業を行っている場合は、各事業別に考えるとよい。

成長戦略においてはまず、だれに何を売ろうとしているのかを確認したい。対象顧客層は既存の顧客層であるのか、新たに開拓するのか。そして販売するのは既存製品・サービス群なのか、それとも新規の製品・サービス・事業

図表4-1　アンゾフの成長ベクトル

		市場・顧客軸	
		既　存	新　規
事業・製品軸	既存	市場深耕戦略	市場開拓戦略
	新規	クロスセル戦略	多角化戦略

を始めるのか、などである。

　これを図で示すと、図表4－1のようになる。

　これは、アメリカの経営学者アンゾフが示した概念で、「アンゾフの成長ベクトル」と呼ばれている。成長の方向性を、「市場・顧客軸」と「事業・製品軸」の2つの軸で整理する。つまり「だれに何を売ろうとしているか」の視点である。それぞれに既存領域と新規領域という大きく2つに分けられる領域があり、結果として成長戦略は4つの方向性に分類される。

　以下では、4つの方向性それぞれの概略と検証ポイントについてみていくことにする。戦略の方向性の整理だけでなく、戦略の検証を行う際の参考にしていただきたい。

① 市場深耕戦略

　既存の市場・顧客層に対し、既存の事業・製品群の販売を拡大していこうとする成長戦略である。つまり、これまでのビジネスを拡大させようとするものである。

　この戦略の一例としては、大手家電量販店が低価格化によりシェア拡大を目指すものであったり、BtoB型の事業を行っている企業が取引先内の

シェアを上げるものなどがあげられる。

　市場の成長が十分に見込める場合や、市場の寡占度が低い場合には、この成長戦略が有効である。しかし、市場の成長が見込めず、また取引先のシェアが十分に高い場合には、一般的に市場深耕戦略による成長の見込みは薄くなる。売上拡大の余地が十分ではないということだ。また、競合他社との力関係も確認しておく必要がある。市場が見込めても、競合他社に対して勝てる要素がなければ、簡単にはシェアは変わらない。

　市場としての拡大余地、競合他社との差別化が確認できない場合は、市場・顧客の新たなニーズに応えるか、新たな市場を探すことにより、成長を目指すことになる。取引先の成長戦略が市場のさらなる深耕をねらっているならば、市場規模や競合他社動向などの市場動向を押さえておく必要があるだろう。

② クロスセル戦略

　既存の市場・顧客層に対し、新たな需要が見込まれる事業・製品群を提供することで成長を目指す戦略である。

　典型的な「クロスセル戦略」の例としては、コンビニエンスストアチェーンが、公共料金の収納業務・ATM設置・店頭端末によるチケット販売など、提供サービスを拡充してきた例があげられる。また、部品単体の製造を行っている企業が、周辺部品と組み合わせ、ユニットとしての納品を目指すというのも一例である。

　取引先が製品・サービス群や事業の幅を広げることによる成長を目指している場合、投入しようとしている製品・サービスが顧客に必要とされているか、十分に魅力的であるかが重要な検証ポイントとなるだろう。

③ 市場開拓戦略

　新規の市場・顧客層を、既存の事業・製品群によって開拓する戦略である。

海外進出もこれに該当する。また、電機業界向けの部品を自動車業界へ展開するというのも、市場開拓戦略の一例である。

自社にとって未開拓の市場へ進出するという点においては、大手日用品メーカーから製造委託を受けていた企業が、自社ブランドを立ち上げ、小売業または消費者向けに販売を始めるといった新たな流通経路の開拓も、一例としてあげられよう。

取引先が、対象の市場および顧客層を広げようとしている場合、新しい市場・顧客が特定されているかどうか、対象市場・顧客へのマーケティング・営業上のアプローチ方法が具体化されているか、などが検証のポイントとなろう。たとえば、海外進出の場合、中国への進出を検討しているとして、中国市場の把握や中国国内の流通事情などを理解し、販売網の特定やその足がかりはすでに築けているのか、などを確認する必要がある。

④　多角化戦略

新規の市場・顧客層へ、新規の事業・製品群での販売を図る戦略である。ただし、これまでの事業とまったく関連のない事業を始めるのでは、成功の可能性は低いと考えざるをえない。これまで培った強みを生かした、新分野への展開が妥当であろう。

たとえば印刷業界では、印刷技術を応用することで、半導体関連製品や液晶向け素材などの事業を展開している企業がある。化学メーカーのなかには、ナノテクノロジーの技術を応用して化粧品事業や医薬品事業の強化を図る企業もある。製品としては新規であるが、自社の技術や人材・インフラなどの経営資源を生かした戦略であるかどうかを確認する必要がある。

⑤　成長戦略の方向性と外部環境

取引先の成長戦略を市場・顧客軸と事業・製品軸で確認してきたが、いずれの成長戦略においても重要なことは、取引先がその領域で成長するだけの

十分な市場の余地が存在しているかどうかである。ターゲットとする市場・顧客層や新たな事業・製品群において、どれくらいの市場が存在し、販売量が見込まれるのかを想定しなければならない。

　成長戦略の蓋然性を検証するには、取引先の「この市場が伸びている」や「この製品群は今後需要の伸びが見込まれる」という発言のみを信じるのではなく、できる限り市場規模の予測や想定などについて、外部データ等を収集・分析して、取引先が想定している前提がおおむね妥当であるという点は押さえておく必要がある（事業の外部環境の把握については第3章参照）。

(2) ビジネスモデルの整理

　成長戦略の方向性が確認できれば、次に成長戦略を支えるビジネスモデルの整理を行う。ここでいう「ビジネスモデル」とは、「利益を出す仕組み」を指しており、「だれに」「何を／どのような価値を」「どのように／だれの協力を得て提供しようとしており」「競争相手はだれなのか／競争相手との違いは何か」ということを整理することである。

　これを図示すると図表4−2のようになる。

　これは、事業における主要プレイヤーである「顧客（Customer）」・「自社（Company）」・「協力会社（Co-operator）」・「競合（Competitor）」の視点からビジネスモデルを整理・分析する手法であり、「4C分析」と呼ばれている。

　ポイントは、だれに、どのような価値を、どのような協力を得て提供するのか、その際の競合相手は"だれ"なのかを整理することである。以下では、それぞれの視点についての整理を行う際の要点を述べていく。

① 顧　　客

　取引先がターゲットとしている顧客層について整理する。

　ここでの「顧客」とは、取引先の製品・サービスの購買について決定権限をもつ者を指す。必ずしも直接の販売先ではないことに注意しよう。たとえ

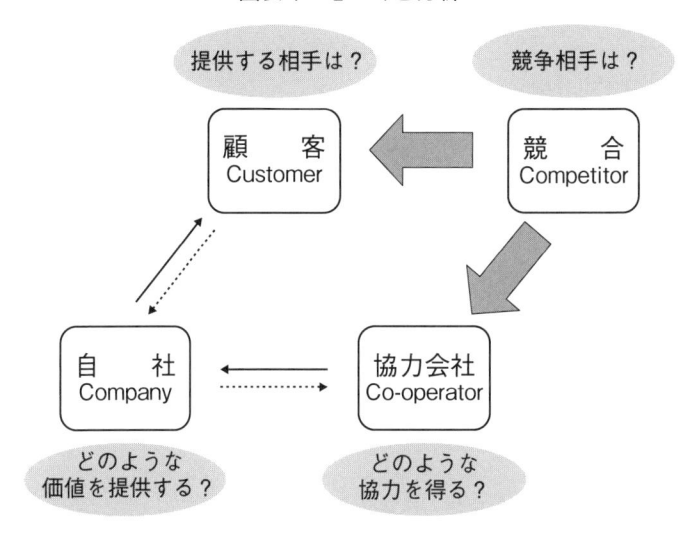

図表 4 − 2　4 C 分析

提供する相手は？　　　　競争相手は？

顧　客 Customer ← 競　合 Competitor

自　社 Company ←→ 協力会社 Co-operator

どのような価値を提供する？　　　どのような協力を得る？

ば、液晶パネルの部材メーカーであれば、直接の販売先は液晶パネルメーカーであるが、「顧客」はその部材の採用に関して決定権をもっている電機メーカーである。

　顧客層は、より具体的なイメージがあると望ましい。法人であれば、業種・規模などのほかに、「コスト感度の高い企業」といった取引先の強みを生かせるターゲット顧客の設定もあろう。また、個人であれば、世帯収入・性別・年齢層・家族構成などのほかに、「どんなライフスタイルや価値観を有しているか」などが明確にされている場合もある。

　対象としている顧客層がどのようなニーズをもっているのかも確認しておく。「自社」が対応できていないニーズも列挙しておこう。たとえば、先ほどの液晶パネル部材の例であれば、「自社」は発色の良さで訴求しているが、「顧客」はより安く、納期がより短いものを望んでいる、などがあげられる。

② 自　　社

　次に、自社として取引先自身の特徴を整理する。整理すべき主な項目としては以下があげられる。
・製品・サービスの機能・特徴
・競合と比較した、製品・サービスの品質・価格面での強み
・製品・サービスから顧客が得る付加価値

　ここでのメリットは、必ずしも、価格が安い、高品質であるなどの製品自体のメリットだけではない。小ロット対応ができる、納期が短い、アフターサービスが手厚いなども、顧客にとってのメリットとしてとらえていく。

③　協力会社

　ここでの「協力会社」とは、自社がビジネスを行ううえで、自社にない能力を補ってくれる存在である。たとえば、流通チャネル・生産委託先・物流業者などがあげられる。すべての協力会社をあげることは不可能であるので、自社のビジネス遂行にあたって特に重要な協力会社をピックアップし、どのような役割を期待しているのかを確認しておこう。

　「自社」のビジネスを「協力会社」に支援してもらうには、WIN-WINの関係を中長期的に築けることが重要である。つまり、「協力会社」にとって「自社」との取引が魅力的でなくてはならない。たとえば、取引先が製造委託先に、より安価での納入を要求する場合、大ロットでの発注や工場閑散期の活用など、委託先にとってのメリットが必要であろう。

　協力会社まで整理しておくことで、金融機関としては、ビジネスマッチングなどを通じて、取引先の事業拡大の支援が可能となることもある。

④　競　　合

　取引先の競合企業について整理する。同じ製品を提供しているという狭い範囲での競合ではなく、「顧客」の予算を奪い合う「競合」、同様の顧客ニー

ズを満たす「競合」などが存在することに注意しておこう。たとえば、スーパーのレジ袋や紙袋を製造している企業はエコバッグとも競合しているといえる。

また、「競合」が「顧客」に対し、どのようなメリットを提供しようとしているのかを確認・整理しておくことも重要である。

(3) 「勝ち方」の確認

取引先のビジネスモデルを4つの視点で整理してきた。このビジネスモデルが真の成長戦略であるためには、「勝ち方」が特定されていなければならない。ここでの「勝ち方」とは、ビジネスモデルを成り立たせるために、つまり、顧客に、競合ではなく自社の製品・サービスを選んでもらうために、取引先がどのような努力をしなければならないか、である。

たとえば、ある自動車メーカーが、「部品メーカーやディーラーの協力を得ながら、より安価で、環境性能が高く、安全な自動車を提供すること」をビジネスモデルとしているとする。このとき、まず「より安価」を成立させるために、自動車の生産・販売に係るコストを下げる努力を続けなければならない。そして、「環境性能が高く、安全」を成立させるためには、環境性能や安全についての研究開発が必要となる。

このように、「目指すべき姿」を特定し、現状はどうか、何が足りないか、そのために何をすべきかを確認・整理していくことが必要である。

(4) 実行体制と実行状況

① 実行体制

「勝ち方」が整理できたならば、それを実行する体制が整っているのかを確認できるとよい。

実行体制について確認すべき点は、
1　主要な「打ち手」の担当部署・担当者が決まっているか。

2　達成目標、ならびに達成時期が設定されているか

である。

　つまり、「だれが、いつまでに、何をどれだけ実行すればよいのか」の実行計画・実行体制が決められているかを確認するということである。これが整理されていれば、取引先の経営陣は実行状況を適宜確認することができる。

　先ほどの自動車メーカーの例で考えることにしよう。「勝ち方」の１つに、生産・販売におけるコスト削減努力があった。この場合、関連してくる部署としては、調達部・製造部・マーケティング部などがある。それぞれの部署において、年間のコスト削減目標と主要な達成方法が明確になっていなければならない。

②　実行状況

　「打ち手」の実行段階では、実行状況を確認しよう。先ほどの例であれば、調達部・製造部・マーケティング部などのそれぞれにおいて、コスト削減のための活動が適切に進められており、想定した効果を実現しているかを確認する。調達部では各種部品の調達単価を年間で10％削減するとなっていたとしよう。その削減は進んでいるのであろうか。目標を設定してから３カ月経つが、効果がまったく出ていないというような状況にはないだろうか。

　実行状況について聴取した際、回答がすぐにもらえるかどうかも重要な点である。回答がすぐに出てこないということは、実行すべきことは決められているが、その進捗状況があまり確認・フォローされていないとも考えられる。そうであれば、取引先の管理体制に問題があるのではないかと考えていく必要がある。

2　成長戦略の蓋然性の検証

　ここまでは、取引先から成長戦略を聴取し、それをどう整理するかについ

てみてきた。手順としては、「成長戦略の方向性やビジネスモデルがどうなっているか」「それを成立させる勝ち方はどのようなものか」「どのように実行されているか」であった。

ここからは、本章の冒頭で述べた4つの成長戦略の方向性のうち、市場深耕戦略とクロスセル戦略の事例を取り上げ、戦略の実効性や蓋然性を検証するための判断のポイントとなる例を示す。

(1) 市場深耕戦略における蓋然性の検証判断

家電量販店の国内シェア拡大を例として考えてみる。

① 顧　　客

家電を買うに際して、修理などサービスの充実よりも、お得感を求めている都市部の消費者。

② 自　　社

都市部ターミナル駅前を中心に店舗を展開し、他社に負けない低価格を提示している。

③ 協力会社

家電メーカーから、より有利な価格で商品の納入を受けることが必要である。

④ 競　　合

価格競争が激しい。購買交渉力をつけるため、M&Aで規模拡大を図る企業がある。また、昔ながらの「町の電気屋さん」や、その特徴を残した手厚いアフターサービスを提供している企業もある。最近では、テレビやネットによる通信販売企業も増えている。

図表４－３　家電量販店の４Ｃ分析事例

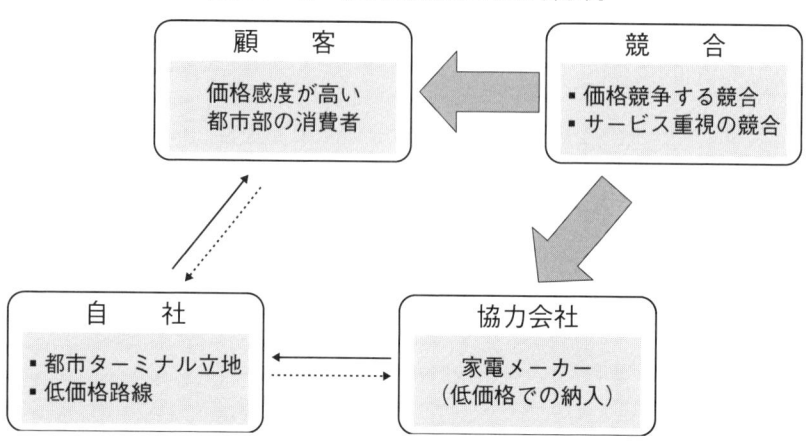

顧客
- 価格感度が高い都市部の消費者

競合
- 価格競争する競合
- サービス重視の競合

自社
- 都市ターミナル立地
- 低価格路線

協力会社
- 家電メーカー（低価格での納入）

⑤　勝ち方

　年に１～２の大規模店舗の新規出店を検討している。一方で、顧客のお得感ニーズに対応し、競合との戦いを優位にすすめるための「低価格戦略」実現のための物流の見直しなどにより、コスト低減にも取り組んでいく。

⑥　判断のポイント

　取引先の勝ち方が消費者から支持されているのかを把握するためには、既存店売上高の推移に注意する。既存店売上が伸びていれば、消費者に対して、十分にメリットを提供できているといえるだろう。また、競合との価格競争により、粗利率が圧迫されていないか、メーカーの納入価格が変化していないかについても確認しておきたい。

⑵　クロスセル戦略における蓋然性の検証

　電子部品の製造を行っている企業が、周辺部品と組み合わせて、ユニットとして電機完成品メーカーに納品する事業を目指す場合を例として考える。

図表4－4　電子部品製造業のクロスセル戦略における4C分析

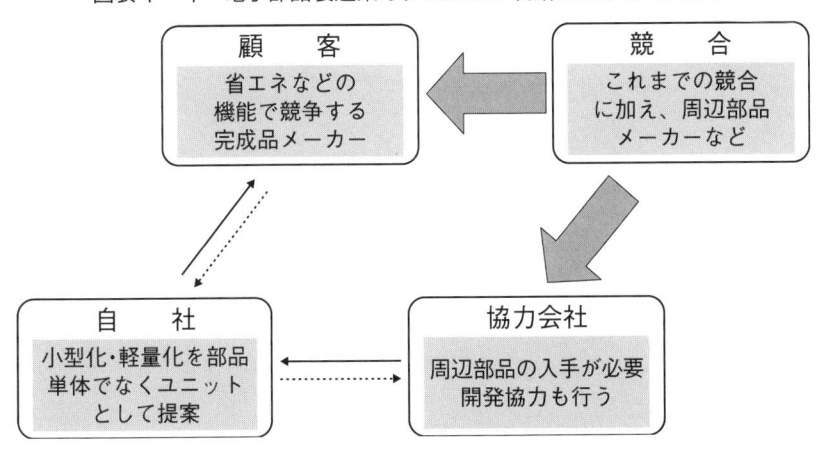

```
┌─────────────┐          ┌─────────────┐
│   顧　　客   │ ←――――― │   競　　合   │
│ 省エネなどの │          │ これまでの競合│
│ 機能で競争する│          │ に加え、周辺部品│
│ 完成品メーカー│          │ メーカーなど │
└─────────────┘          └─────────────┘
      ↕                         ↓
┌─────────────┐          ┌─────────────┐
│   自　　社   │          │   協力会社   │
│小型化・軽量化を部品│ ←―――→ │周辺部品の入手が必要│
│単体でなくユニット│          │開発協力も行う│
│  として提案  │          │              │
└─────────────┘          └─────────────┘
```

① 顧　　客

　これまでと同様、省エネなどの機能で競っている電機完成品メーカーである。

② 自　　社

　これまで、完成品メーカーに部品単位では小型化・軽量化を提案し採用されてきた実績がある。ノウハウを高め、ユニット単位での提案を行う。

③ 協力会社

　周辺部品の生産者から提供を受けることが必要となる。また、ユニット全体の小型化・軽量化を進めるための共同開発も必要となる。

④ 競　　合

　これまで取扱いのなかった周辺部品の製造会社も競合となる。

⑤ 勝ち方

　電機完成品メーカーから新製品情報を取得し、また開発・製造における各種のニーズ・課題を聞き取る。これについての開発を協力会社と行い、完成品メーカーへの提案活動を強化する。

⑥ 判断のポイント

　ユニットでの納入に関しては、取引先の考えだけで決定できるものではなく、納入先の意向が大きく関係する。まずは、納入先との話がどう進んでいるのかを確認しておこう。製品によっては、スペックが決定してしまうと、途中でのメーカーの変更がむずかしい場合も多々ある。

　またユニット単位での提案を行うための体制について、経験・ノウハウをもった人材は十分にそろっているかなども判断のポイントの1つとなる。

(3) 新製品・新技術の開発による成長戦略の蓋然性の検証

　企業が成長するにあたっては、新製品や新技術を投入することにより、需要を喚起することが重要である。しかし、業界によっては、新製品・新技術が市場に投入されるまでに、多大な時間と費用を要することがある。この典型例が医薬品業界であり、候補物質の選別から動物実験、治験を経て、医薬品として認可されるまでおよそ10年の時間と1,000億円の費用がかかるとされている。

　取引先が新製品・新技術の投入による成長を描いている場合には、製品・技術がいつ市場に導入され売上として計上されるのか、またそれまでにどの程度の投資が必要なのかを確認しておく必要がある。

　そのためには、取引先の業界における一般的な新製品および新技術投入のプロセスおよび各プロセスにかかる時間・費用について情報収集しておこう。そして、取引先の新製品・新技術は、現状どの段階にあるのかを把握・確認する。

新製品・新技術については、製造・販売する側でそれが優れていると考えていても、買手が高く評価してくれるかは未知数である。また、競合の動向による影響も受けるであろう。

　大きな投資が必要となる場合には、取引先と判断ポイントを共有しながら、慎重に検討を進めていくことが求められる。

〈成長戦略の確認と蓋然性検証のためのチェックリスト〉

○成長戦略の確認に関連して	
成長戦略の方向性を市場・顧客層軸、事業・製品群軸で整理する	
外部のデータを入手し、取引先が成長できる市場の余地があることを確認する	
取引先がターゲットとしている顧客とそのニーズを整理する	
取引先が顧客に提供しようとしているメリットについて、顧客視点から検証する	
取引先のビジネスにとって、重要な協力会社とその役割を整理する	
取引先にとっての競合と、競合が提供するメリットを確認する	
整理したビジネスモデルにおける取引先の「勝ち方」を把握する	
「勝ち方」に基づいた主要な施策・打ち手についての実行計画が策定されているか確認する	
実行計画における、重要な達成目標を確認する	
実行計画の進捗管理がなされているかを確認する	
実行計画が、計画どおり進んでいるのかを確認する	
○成長戦略の蓋然性検証に関連して	
「市場深耕戦略」である場合、顧客からの支持、競合との差別化要因などを確認する	
「市場開拓戦略」である場合、新たな市場・顧客へのアプローチが進んでいるか、顧客や市場の要求を満たしているかなどを確認する	
「クロスセル戦略」である場合、顧客の受入れ意向や、取引先の体制・人材・ノウハウが十分であるかなどを確認する	
「多角化戦略」である場合、取引先の既存の経営資源を生かせる領域への進出であるか、顧客や市場ニーズの有無や受入れ姿勢などを確認する	
特に、新製品・新技術の投入が検討されている場合、売上計上につながるまでに必要な時間・費用や現状の進捗状況を確認する	

第 5 章

売上計画の蓋然性の検証

　この章では、取引先から提示された売上計画の蓋然性の検証について述べています。売上計画が単なる目標・スローガンではなく、達成に向けた根拠が備わったものかを確認していくためです。
　具体的には、「取引先の売上計画は、『市場・顧客』別、『事業・製品群』別に明確に設定されているか」「目標値には十分な根拠があるか」「計画を達成する施策は検討されているか」「売上計画は適正にモニタリングされているか」です。つまり、正しい手順で計画が作成され、進捗管理されているかという視点から、売上計画が信頼に足るものかを検証していくための確認点を整理していきます。
　また、売上を拡大するには、投資や人的資源の充実が必要となる場合があるでしょう。売上計画を実行するにあたり、取引先の設備や人材が十分かを確認する視点も提示します。さらには、在庫計画についても、売上計画との関連性の視点からの確認点も述べています。

1 売上の構造展開

　金融機関においては、取引先の売上目標を提示されることが多い。このような場合、金融機関としてみるべきポイントは何だろうか。取引先の目標値と成長率だけをみればいいのだろうか。もちろん、目標値そのものも大事だが、それが達成可能な数字なのか、一定の裏付がある目標値なのかを検証する必要がある。ここでは、目標の達成の可能性や計画の蓋然性を検証する視点を述べていく。

　まずは目標の設定が適切なのかを確認したい。単一事業だったり、単一の顧客に販売しているのでない限り、「全社で売上を○○百万円」程度の目標値では、スローガンとして理解はできるが、達成可能な売上増加目標かどうかという点では、十分な判断ができるものとはいえない。どの「市場・顧客」に対して、どの「事業・製品群」の売上を、どれだけ増やしていくのかを明確にする必要がある。このように、売上を「市場・顧客」軸と「事業・製品群」軸で分解することを、ここでは「構造展開」と呼ぶ。

　ところで、構造展開された目標について、取引先は必達であるといっていたが、年度末になると、「予想できなかった外部環境の変化により未達となってしまった」といわれたことはないだろうか。未達の本当の理由は外部環境の変化だろうか。そもそも当初の目標に無理があったということはないのだろうか。それを判断するためには、どのような根拠に基づいて目標を立てたのかを確認する必要がある。

　以下、構造展開と目標設定について、もう少し詳しくみていくことにしよう。

(1) 構造展開の軸

　売上を分解する軸は、成長戦略の軸と同様に、「市場・顧客」軸と「事

業・製品群」軸である。事業内容や戦略によって展開すべき軸は異なってくるが、ここでは代表的な展開の軸についてみていく。

① 市場・顧客軸

　まずは売上をどの市場や顧客層においてあげていこうとしているのかを展開していく。重要なことは、漏れなく構造展開ができているかどうかだけではなく、売上を拡大していくにあたり、重点的なターゲットはどこで、そのターゲット先に対する売上拡大のための具体的な施策や行動に展開できているかどうかである。

　売上を構造展開する主な方法に、地域による展開がある。地域別に営業所を展開している企業では、営業所別に目標が立てられていることが多い。これにより、重点地区や営業を強化すべき拠点がわかる。そのほか、B to B型の事業であれば、顧客の業種や規模で展開していく方法がある。B to Cであれば、チャネル別での展開が主に用いられる。

　企業によっては、法人向けと個人向けの両方のビジネスを展開しているケースがあろう。この場合であれば、まずは法人向けと個人向けとを分けたうえで、法人向けは地域によって展開し、個人はチャネルで展開するなど、営業方法の違いにより展開方法を分けたほうがよいこともある。

② 事業・製品群軸

　次に、売上を「事業・製品群」軸で展開していく。展開の細かさは事業内容や取り扱っている製品やサービスの数によって異なってくるが、一般的には製品群ごとやサービスカテゴリーごとの展開となる。ここから、重点的に販売すべき事業や製品が明らかになる。

③ マトリックス

　「市場・顧客」と「事業・製品群」の2軸で売上目標が展開できていれば、

図表 5 － 1　売上構造展開の例

事業・製品群軸 市場・顧客軸		製品群A	製品群B	新規製品群C
法人向け	A地方	○○百万円／□％増	△△百万円／▽％増	
	B地方	……	……	……
	C地方	……	……	……
	D地方	……	……	……
個人向け	直接販売	……	……	……
	大手流通a社	……	……	……
	大手流通b社	……	……	……
	卸d社経由	……	……	……

　マトリックスをつくることができるはずだ。各市場・顧客に対し、各「事業・製品群」をどれだけ販売するかが確認できている状態である。昨年度との比較ができれば、どのセルの販売を強化していくのかが明確となる。図表5－1は売上目標の構造展開のイメージである。上記で述べた展開の軸のなかに、「既存」「新規」という軸を含めて展開するケースも多い。「新規顧客」と「既存顧客」、「新規製品」と「既存製品」とに分けて、そのなかを顧客群・属性や製品群・サービスカテゴリーごとに展開していく形である。

　すべての取引先についてこれらを詳細に作成することは現実的ではないが、取引先にヒアリングしながら、売上の構造展開が行われていることを確認することで、売上計画の根拠を特定することができる。

(2)　数値目標の設定

　取引先が「市場・顧客」「事業・製品群」のマトリックスで売上目標を展開できていることが確認できれば、次は目標設定およびその達成方法を具体的に把握したい。これにより、取引先が提示している売上目標が達成可能な

ものであるかどうかについての判断材料を得ることができる。

① 目標設定方法

　全社の目標を単に割り振っただけの目標では、達成可能性の面からは疑問があるといわざるをえない。つまり、「全社の目標は〇〇百万円である。その達成のためには、各事業部にはこれだけの売上が求められる」という決め方では、見通しの立った計画とはいえない。最初に全社的な目標を設定することは利益目標を設定していくためには必要であるが、区分された「市場・顧客」や「事業・製品群」を取り巻く環境を考慮する必要がある。

　一般的には、「市場・顧客」軸や「事業・製品群」軸での直近数年の売上高の推移は把握されており、その傾向を反映して、目標値が作成されていることが多い。しかしそれだけでなく、第3章でみてきた外部環境も考慮しておきたい。これまでの実績に加え、市場環境から判断して、妥当な目標設定になっていることを確認しておこう。

　既存の事業領域においては、上記のような検証により、達成可能性の判断ができるが、新規事業や新規顧客開拓による売上増加目標は判断しづらい面がある。特に、新規事業については、取引先社内の数値目標があったとしても、根拠があって設定されたものではなく、「これを目指したい」という希望に近いレベルのものであるケースも多々ある。また、新規事業の立上げ当初から、全社の売上目標の大部分を期待するのは無謀に近いといえる。金融機関としては、全社の業績が新規事業の成否に大きく左右される状況は望ましい状況とはいえないだろう。既存事業をベースに経営計画を確認し、新規事業ビジネスはある程度の成果がみえたり、規模に育ってから、売上の増加判断の対象に含めていくほうが無難だといえよう。

② 目標達成方法

　適切なプロセスを経て目標が構造展開されていることが確認できれば、目

標の達成方法やそのための具体的な施策やアクションプランが検討されているかを確認しておこう。たとえば、既存の顧客に対し、既存事業の売上を伸ばしていくという計画について、どのようにして販売額を増やしていくのかが具体化されているだろうか。営業の訪問頻度を上げるために組織や営業体制を変更する、販売数量を増やすために競合他社の納入金額を確認し価格を再設定する、リテールサポートを強化し自社商品の販促ツールを作成・提供する、など具体的な施策や取組みの変化を確認しておくことが必要である。

(3) 事　例

ここでは、中部地方の食品メーカー甲社を例に、売上の構造展開および目標設定の確認を行っていく。

①　売上の構造展開

甲社は、販売先の規模別に売上目標を展開している。まずは、全国に展開している大手流通チェーン、次に各地域で展開している流通業、そして各県の地場食品スーパーである。

取引のある全国チェーンは１社だけであり、全国チェーンをもつ取引先拡大を目指している。各地域で展開している流通業については、この規模の販売先が売上の中心であり、中部地方を拠点とする流通チェーンのほか、首都圏を拠点とする流通チェーンへの納入実績もあり、首都圏での流通チェーンの新規開拓に取り組んでいる。地場食品スーパーでは、中部地方各県と、首都圏の一部の地場スーパーとの取引がある。首都圏の地場スーパーはまだまだ開拓の余地があると考えているが、営業人員の問題もあり、強化の優先度は低いと考えている。

製品軸では、既存の主要製品群にＡとＢがある。製品群Ａは、近年、競合の安価な商品の前に劣勢であり、店頭で棚を確保することがむずかしくなってきている。一方、消費者の健康意識の高まりを背景に、健康食品分野に新

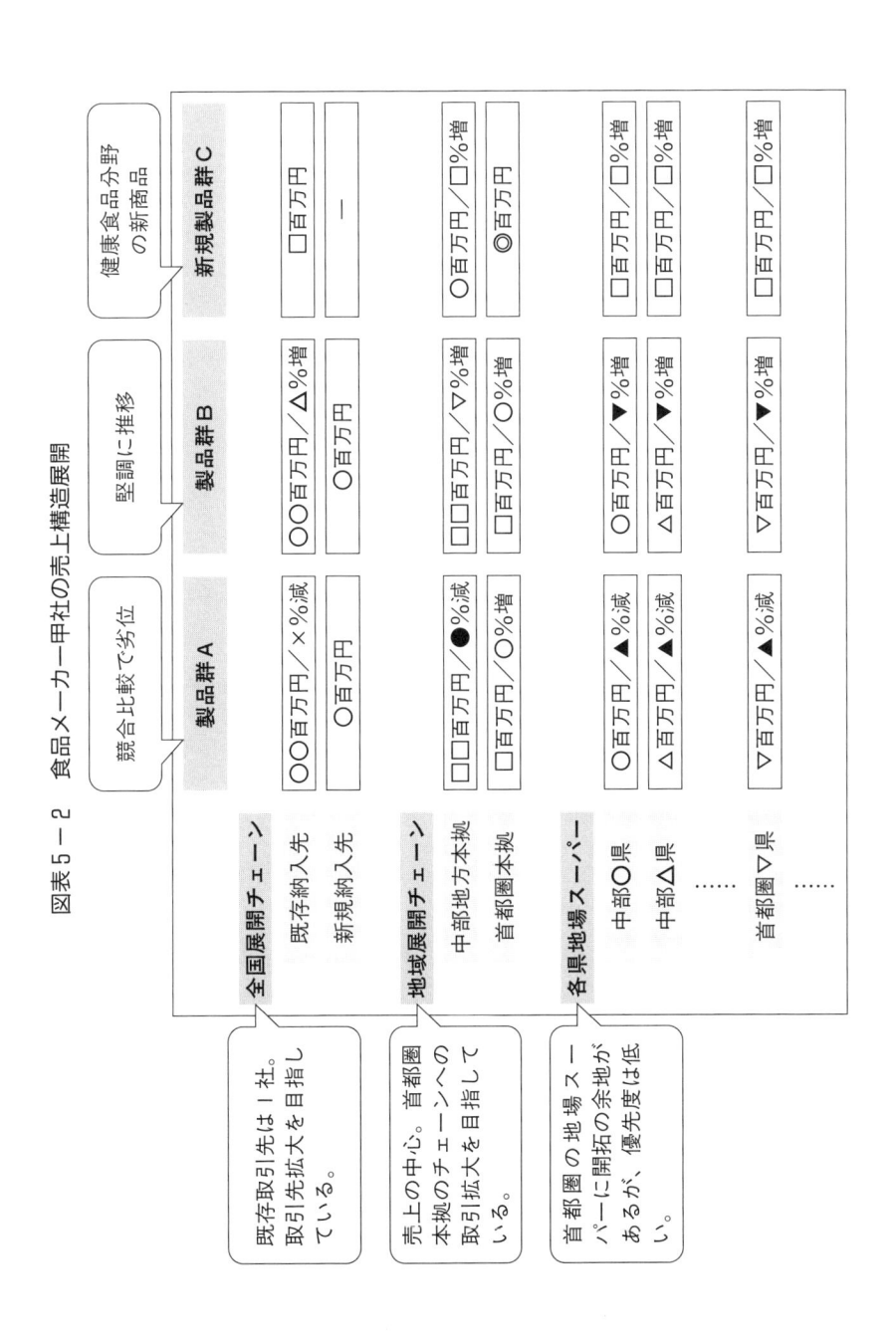

図表5-2　食品メーカー甲社の売上構造展開

	競合比較で劣位	堅調に推移	健康食品分野の新商品
	製品群A	製品群B	新規製品群C
全国展開チェーン			
既存納入先	〇〇百万円／×％減	〇〇百万円／△％増	□百万円
新規納入先	〇百万円	〇百万円	―
地域展開チェーン			
中部地方本拠	□□百万円／●％減	□□百万円／▽％増	〇百万円／□％増
首都圏本拠	□百万円／〇％増	□百万円／〇％増	◎百万円
各県地場スーパー			
中部〇県	〇百万円／▲％減	〇百万円／▼％増	□百万円／□％増
中部△県	△百万円／▲％減	△百万円／▼％増	□百万円／□％増
……			
首都圏▽県	▽百万円／▲％減	▽百万円／▼％増	□百万円／□％増
……			

- 全国展開チェーン：既存取引先は1社。取引先拡大を目指している。
- 地域展開チェーン：売上の中心。首都圏本拠のチェーンへの取引拡大を目指している。
- 各県地場スーパー：首都圏の地場スーパーに開拓の余地があるが、優先度は低い。

第5章　売上計画の蓋然性の検証

製品群Cを導入し、中部地方の販売先を中心に販売を強化している。現在は、首都圏のチェーンや全国チェーンでの棚割確保の商談を進めている。また、製品群Bに関しては堅調に推移している。

② 目標設定

　甲社では、取引のある小売業者ごとに営業担当者を特定し、売上目標を設定している。甲社の経営陣としては、既存製品群A・Bに関しては、昨年度までの売上推移に、営業担当者からの商談状況を加味することで売上目標を設定している。一方、新製品群Cについては、まず全社の売上目標を設定し、トップダウン的に、各小売業者への販売目標を課している。達成の可能性について、各営業担当者から商談状況の報告を逐次受けている。また、新規の納入先については、商談が進み甲社製品の取扱いが決定した場合にのみ、計画に反映するようにしている。

　既存製品群Aについては、競合商品にシェアを奪われている状況であったが、さらに全国チェーンでの店頭商品から外れることとなってしまったため、大幅な売上減となることがわかっている。その他の納入先についても、これまでの傾向から売上減少が見込まれている。売上減少を食い止めるため、競合商品に対抗できる製品の投入も検討しているが、具体的な戦略が決まっていないため、売上計画には織り込んでいない。

　一方、堅調に推移してきた製品群Bについては、小売業者との商談も順調に進んでおり、今年度も新製品を順次投入することが決定している。製品ラインアップを増やし、売上増加が見込めるようである。

　新製品群Cであるが、全国チェーンでの採用が決まるなど、小売業者と営業担当者の商談は順調であり、当初掲げた目標は達成されそうである。小売の店頭において、消費者へ製品群Cを訴求するキャンペーンの実施も決定しており、製品群Cについては販売促進を積極的に行っていく予定になっている。

取引先より、上記のような目標の構造展開・設定プロセス・目標達成のための施策などが確認できれば、売上計画の蓋然性を検証する材料がそろったといってよいであろう。

2　計画管理体制

　ここでは、取引先において売上目標の達成に向けて、どのような管理がなされているかを確認するポイントについて述べていく。設定した売上目標に対するモニタリングである。

　中期や単年度の計画を詳細に立てる企業は多いと思うが、達成できない企業も少なくない。当初の目標値はさまざまな仮説・想定のもとに設定されており、仮説・想定がすべてよい方向に出るわけではない。外部環境はこうなるはず、顧客はこのような判断をするはず、と過去の経験から設定した仮説をもとに計画を立案することは当然である。したがって、大切なのは、目標を設定した後の実行管理やモニタリングの仕組みであるといってもよいであろう。

　まずは、取引先において、計画の進捗管理がどのように行われているかを確認しておきたい。計画の進捗状況を毎月確認するためには、全体の売上だけでなく、「市場・顧客」と「事業・製品群」のマトリックスで月次の売上の進捗を確認する。月次の計画は、年次の目標を単に12で割ったものではなく、過去の経験から認識している繁閑や新製品の投入時期などが織り込まれているべきである。適切に設定された計画と実績との差異をチェックすることで、進捗状況が把握されるが、大事なことは、これらの状況を取引先の経営陣がタイムリーに把握しているかどうかである。

　実績と計画の差異ついて、経営陣で把握・共有されていることがわかったとしよう。では、実績と計画とに乖離がある場合、その理由は明らかにされているだろうか。多くの場合、実績が計画を下回った場合には、それはなぜ

なのかが問われているであろう。一方、実績が計画を上回った場合には、その理由は問われていないかもしれない。これではせっかくの販売機会を逃してしまう可能性がある。実績が上振れしても下振れしても、その背景・理由を把握しておくことが必要である。また、結果のみに焦点を当てすぎることなく、当初検討していた目標達成のための施策やアクションプランの進捗状況も確認しておきたい。

次に、計画の修正や対策の検討がなされているかどうかを確認しよう。特に、実績が計画値を下回っていた場合、重要なことは、何が悪かったか、ではなく、今後、目標を達成するために、どのようなことを行わなければならないかである。外部環境が想定と異なったのであれば、計画そのものの見直しが必要となる場合もあるだろう。

金融機関の場合、取引先の日常の窓口が経理・財務・企画等の管理部門であることが多いと思うが、管理部門のリーダーが上記のような状況を把握しているならば、全社的に実行管理の仕組みが機能していると考えてもよいかもしれない。それにより、計画修正や対策について、営業など一部の遂行責任者だけで検討・共有されているのではなく、経営陣をはじめ全社で共有されている可能性が高いと判断することができるようになる。

以上のようなことは、取引先に直接聞くことはむずかしい場合があるかもしれないが、日常の訪問のなかで適宜確認していくように心がける必要がある。

3 売上計画と投資計画

売上拡大の計画が立てられているならば、それを実現するために十分な経営資源を保有しているのか、もし保有していなければ、いかに獲得していくのかもあわせて確認しておく必要がある。

たとえば、取引先の製造業において、既存製品の販売数量を拡大させる計

画をもっていたとする。しかし、現有の工場がフル稼働であるならば、外注の活用か、自社でのライン増設、工場の増改築または新設など、いずれかの対応をとらなければ売上拡大は不可能だろう。

　ただし、ここで注意しておきたいのは、「工場の新設」などの単一の投資だけに着目しないということである。成長戦略を実行するにあたって、足りないものは何かをすべて明らかにし、全体として必要な投資を把握しておきたい。

　たとえば、外食チェーンを営んでいる取引先が、未進出であった九州に店舗網を広げようとしていたとしよう。このとき、当然ながら新店舗の投資は必要である。しかし、必要な投資はこれだけであろうか。九州進出により業容が拡大した場合に、物流拠点やセントラルキッチンは既存の施設の活用で賄えるのであろうか。

　また逆に、九州進出を機会として物流拠点の新設を検討していたとしよう。その投資は、九州進出で得られる売上・利益で回収できるものであろうか。この場合、必ずしも九州での事業だけで投資回収しなくてはならないものではない。しかし、成長戦略と投資のバランスという面では確認すべき事項である。

　これと同じような例として、製造業において「いまの工場が手狭になってきたから、新しい工場をつくる」という設備投資の話がある。新しい工場をどう活用するのか決まっているのであろうか。どこにつくれば、いまの事業にとって有効なのだろうか。投資が先にあって、成長戦略が後に来るのではない。成長戦略があって、その実現のためにどのような投資を行うかというのが、あるべき姿である。

4　売上計画と人員計画

　売上計画と同時に人員計画についても確認しておく必要がある。企業は売

上を伸ばすために、組織的・計画的に人的資源を強化していく必要がある。人員に関しては、その急激な拡充には無理があるのが一般的なケースである。質的な側面も含めて考えると、人員の強化には計画的な育成とそれを実行していく一定の期間が必要な面が多分にあるからである。その意味からも人員強化についての計画を確認していくことは重要である。

　サービス業や運送業や学習塾など、人に大きく依存する事業であれば、事業の成長と人員面の拡充が裏表の関係であることは明らかである。小売業においても店舗展開数に応じて店長が必要であり、場合によっては店舗指導員（スーパーバイザー）や物流担当者の増員も必要になるであろう。製造業においても、研究開発・調達・製造・物流・営業・サービスおよび管理など、企業活動に従事する人員の数およびスキルを伸ばしていかなければならない。

　たとえば、現在電機業界向けに部品を納入している取引先が、自動車業界への納入を新規に検討していたとしよう。このとき、電機業界向けの製品をそのまま自動車業界へ転用することはむずかしいだろうから、まずは、自動車業界の技術動向などを理解したうえでの開発および試作が必要となる。まず、社内には自動車業界の技術に精通した人材は見当たるだろうか。次に、取引額が大きくなるに従って、開発・製造・営業も自動車業界向けの専任者が必要になるだろう。そして、それまでに、リーダーも育てておかなければならない。

　逆に、人材の採用は進んでいるものの、思ったように事業展開が進んでいないというケースもあるであろう。たとえば、取引や売上拡大の見通しがないにもかかわらず、大人数の自動車業界向け開発チームを発足させるのは非常にリスクが高い。

　成長のスピードと人員計画のバランスが重要であり、売上の計画とその進捗と同時に人材計画についても確認しておこう。

5　売上計画と在庫計画

　売上高を伸ばしていくと、多くの場合において在庫も増えていくと考えられる。小売業を例とすると、各店の店頭在庫が一定であれば、店舗の増加に伴って在庫の必要量が増えていく。在庫の問題は、一般的に貸借対照表やキャッシュフローの問題だととらえられがちだが、在庫量が増えれば増えるほど、"売れない在庫"を抱えるリスクも高くなる。結果的に値引きを行ったり、評価減をすることで粗利率を低下させることもある。また、在庫を保管しておく倉庫の必要面積も増える。必要な在庫が増えるのはよいが、ムダな在庫まで増やすのはよいことではない。

　小売業においては、複数店舗をもつことによるメリットとして「店間移動」がある。一度店に並べた商品がその店舗で売れ残りそうな場合、他店舗で販売することにより売り切ることが可能な場合があるからだ。そのように考えると、店舗数の増加に伴い、在庫が純増するとは言い切れない。より効果的な在庫管理のあり方を取引先としても検討しているはずだ。製造業においても在庫効率を高めるためには、需要予測の精度を高めたり、売上が少ない製品の廃止や、小ロット生産、生産リードタイム短縮などにより、在庫水準を下げることに取り組んでいる。

　金融機関としては、売上計画と同時に、在庫計画も把握し、売上計画とのバランスで在庫計画の妥当性を検証していくことが必要である。また、取引先の日常における在庫管理の仕組みや、在庫管理のレベルアップのためにどのようなことに取り組んでいるかを把握していくことも望まれる。在庫の問題は取引先の資金計画ともリンクするので、取引先の主要な事業について、適正な在庫水準はどの程度であるかについて、金融機関としての判断基準をもっておくことも必要である。

〈売上計画の蓋然性の検証のためのチェックリスト〉

○売上の構造展開について	
市場・顧客軸での売上の構造展開を確認する	
事業・製品群軸での売上の構造展開を確認する	
「市場・顧客」と「事業・製品群」のマトリックスでの売上の構造展開を確認する	
売上を強化する対象領域を確認する	
○目標設定について	
取引先が売上目標をどのように設定しているのかを確認・理解する	
売上目標を達成するための施策やアクションプランを確認する	
○計画管理体制について	
売上計画の進捗管理が行われているかを確認する	
売上計画と実績の差異の理由が把握されているか確認する	
差異を受けて、必要な追加施策の検討や計画の修正が行われているかを確認する	
○その他	
取引先が、売上計画達成に必要な設備・インフラを保有しているか確認する	
現有の設備・インフラで十分ではない場合、今後の投資計画を確認する	
売上計画と人員計画は連動しているか、ならびに適切な育成計画が作成されているかを確認する	
売上計画と在庫計画は連動しているか、ならびに在庫管理の仕組みや在庫管理のレベルアップについての取組ついて確認する	
主要な事業における適切な在庫水準はどの程度であるかの想定を行う	

第 6 章

費用計画・原価低減計画の検証

　この章では、取引先の費用計画・原価低減計画を、金融機関として客観的な視点から検証する方法について考えていきます。

　まず、取引先からの費用計画・原価低減計画においてよくみられる課題は大きく2つのタイプに分けられることを示します。すなわち、「計画が楽観的すぎる（実現性が低い）場合」と「より厳しい計画を立案する必要がある（実現可能だが、利益への寄与が少なすぎる）場合」の2つです。

　そのうえで、それぞれのタイプにおける代表的な問題や、それを見抜くための勘所、金融機関担当者として取引先にどのように対応すべきかを具体例も交えて説明します。

　次に、取引先の費用計画・原価低減計画を検証するために必要な情報と方法としてどのようなものがあるかを示します。企業の費用・コストに影響を与える要素には何があるかを体系的に整理したうえで、一般には見落としがちなポイントを示します。また、費用構造の特徴把握やコストダウンの余地を探るための一般的な分析手法を紹介します。

1 よくみられる課題

　金融機関の立場に立つと、費用計画・原価低減計画における課題は、大きく2つのタイプに分けることができる。

　1つは、取引先の計画が楽観的すぎる(実現性が低い)場合である。たとえば、積極的な成長策を打ち出しているのに、それに必要な費用計画が立案されておらず、結果として達成見込みの薄い増収増益の計画になっているケースなどである。取引先の成長を願う金融機関担当者としては、期待も込めてみてしまいがちだが、一方で客観的な評価・検証のできる眼力が必要だろう。

　2つ目は、より厳しい費用計画やコストダウンの施策を立てる必要がある(実現可能だが、利益への寄与が少なすぎる)場合である。当然だが、売上から原価・費用を引いた残りが企業の利益である。お客様や競合があっての事業なので、販売増や新たな成長戦略といったバラ色の計画を描くのは簡単でも、

図表6－1　2つのタイプの課題

<タイプ1：楽観的すぎる計画>

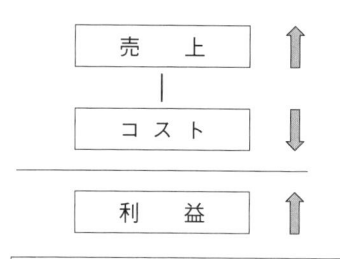

売　上　⇧
｜
コスト　⇩

利　益　⇧

・本当に増収増益なのか?(コストの見通しは甘くないか?)
・それほど大幅なコストダウンはできるのか?

<タイプ2：業績が芳しくない>

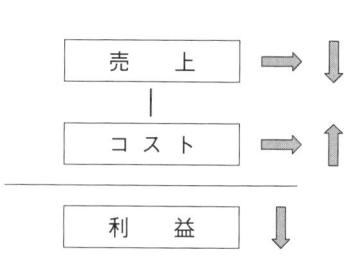

売　上　⇒ ⇩
｜
コスト　⇒ ⇧

利　益　⇩

・やって当り前の経費削減はできているか?
・抜本的なコストダウンをしないと利益確保は困難ではないか?

その実現はむずかしい。やはり、取引先自らがコントロールしやすいのはコストダウンである。特に、業績が芳しくないにもかかわらず、経営努力の姿勢がみえない費用計画に対しては、厳しい姿勢を示すとともに、ある程度具体的な指導が必要だろう。そのためには、取引先の費用計画の甘さを見抜く眼力をもつこと、およびコストダウンのための具体的な施策を立案するよう指導することについての一定の知見があることが望ましい。

上記2つのタイプそれぞれにおける問題と対処策の具体例・典型例を述べていく。

2　費用・原価低減計画の甘さを見抜く

ここでは、金融機関担当者として、取引先の費用・原価低減計画の甘さを見抜くための勘所を示す。

(1) タイプ1：問題のレベル感

まず、「甘い計画」にはどのようなものがあるかを具体的にみていきたい。我々の経験では、計画の「甘さ度合い」にもいくつかレベル感がある。甘さ度合いの低い順番に記すと、以下のとおりである。
① 事業環境の変化を考慮していない場合
② 自社の販売計画と整合性がとれていない場合
③ 売上を伸ばすために必要な投資的な費用が考慮されていない場合
④ 一面的な視点から、楽観的・都合のよいコストダウン計画を立てている場合
⑤ 改善効果の時間軸が考慮されていない場合

(2) タイプ1のレベル別問題の具体例・典型例

上記のレベル感ごとに、典型的な問題を述べたい。

図表6－2　タイプ1のレベル別概要

甘さのレベル別パターン	典 型 例
① 事業環境の変化を考慮していない	➤ 市況による原料費の値上りを見落としている ➤ 海外の労務費の上昇を見落としている
② 自社の販売計画と整合性がとれていない	➤ 市場・製品分野ごとの損益構造の違いを反映できていない
③ 売上を伸ばすために必要な投資的な費用が考慮されていない	➤ 規模拡大のための広告宣伝費や採用・教育コストの上昇を読み込めていない
④ 一面的な視点から、楽観的・都合のよいコストダウン計画を立てている	➤ 海外製造で原価は下がるが、輸送費が上がることを見落としている
⑤ 改善効果の時間軸が考慮されていない	➤ 計画はよく練られているが、実現スピードを安易に見積もっている

① 事業環境の変化を考慮していない・認識が甘い場合

　1番目は、自社のコストに大きな影響を与える事業環境の変化を見逃している、ないしは認識が甘いケースである。ここでは、主に製造原価・仕入原価が該当するだろう。

　典型的な例は、資材・燃料費の値上り、海外生産拠点の労務費の上昇などである。金融危機後には落着きをみせているとはいえ、一昨年・昨年にかけて、原油価格の高騰に伴い、さまざまな資材の市場価格が高騰したことが記憶に残っている読者も多いことだろう。また、新興国の経済成長に合わせて、新興国の労務費も上昇をみせている。たとえばベトナムでは、2006年以降、法定最低賃金が数回にわたり大幅（毎回2割程度）に引き上げられており、2005年に比べるとほぼ倍になっている。

　このような環境変化に起因するコスト上昇は、急速かつ大幅に押し寄せ、かつ1企業の購買担当の努力では抗いがたいのが現実である。

　製造原価のコストダウンによる粗利の確保・粗利率の向上を計画している

ような取引先があった場合には、金融機関担当者としては、上記のような事業環境の変化を十分に反映したうえで、さらに自社の努力でカバーできる計画になっているのかを確認してほしい。

② 自社の販売計画と整合性がとれていない場合

　2番目は、取引先が自ら立案した販売計画や、成長戦略と連動した費用計画を立案できていないケースである。ここでは、主に変動費や販売直接費が該当する。

　典型的な例は、市場・製品分野ごとの採算性や収益構造の違いを事業計画にできていないケースである。新たな市場に参入することで売上増大をねらう販売計画を立案していたとする。ここで注意しないといけないのは、新たに参入する市場の競争環境が、既存の市場と同じかどうかである。

　たとえば、一般消費者向け・小売向け市場に特化していたメーカーが規模拡大をねらって業務用市場に参入することで、増収増益をもくろんだ計画を立てていたとする。業務用市場で売上・利益ともにボリュームが拡大するという、まさにバラ色の事業計画である。しかし、ここで一歩立ち止まって考えてほしい。一般には、業務用市場は、一般消費者市場に比べて調達側の価格交渉力・感度が高い。新規参入業者に対してはなおさらであろう。また、製品仕様や納期などについて、個別対応やより高いレベルでの対応を求められることも少なくない。よって、売上は増えても消費者向け市場と同じ利幅を稼げるとは限らないのである。また、厳しい納期に対応するための物流費用（在庫の保管料、特急輸送の費用など）や廃棄ロスがかさむ可能性もある。

　新たな市場分野や製品分野に打って出ることで、販売増・利益増を計画しているような取引先があった場合には、同じ利益幅が確保できる分野なのか、これまでとは異なるコスト発生要因がないかなどを確認してほしい。

③ 売上を伸ばすために必要な投資的な費用が考慮されていない

　3番目は、売上を伸ばすために必要な投資的な費用が考慮されていないケースである。ここでは、販売促進費などの販売変動費に加えて、広告宣伝費・人件費などの固定費も該当する。

　典型的な例は、流通業・小売業などで、一気呵成に進出エリア・店舗数を拡大し、売上を増やすとともに、スケールメリットにより利益率を高めていくという積極的な事業計画を立案している場合である。このような場合に、金融機関担当者として一歩冷静にならないといけないのは、「固定費は本当に増えないのか？」という点である。

　たとえば、新たなエリアに進出するのであれば、知名度が低いため、これまで以上に宣伝費・販促費をかけないと同じ量は売れないだろう。また、小売・流通業のような労働集約的な業種において、一気に成長するためには、人材も一気に増やす必要がある。そうなると、採用コストもこれまで以上にかさむだろうし、人材を早期に育成するための研修・教育費もかさむだろう。また、そうした投資を行わずに無理に拡大を進めようとすると、思うように売上が伸びないばかりか、お客様からの評判が悪くなったり、ベテランの従

図表6－3　売上急拡大と固定費の関係

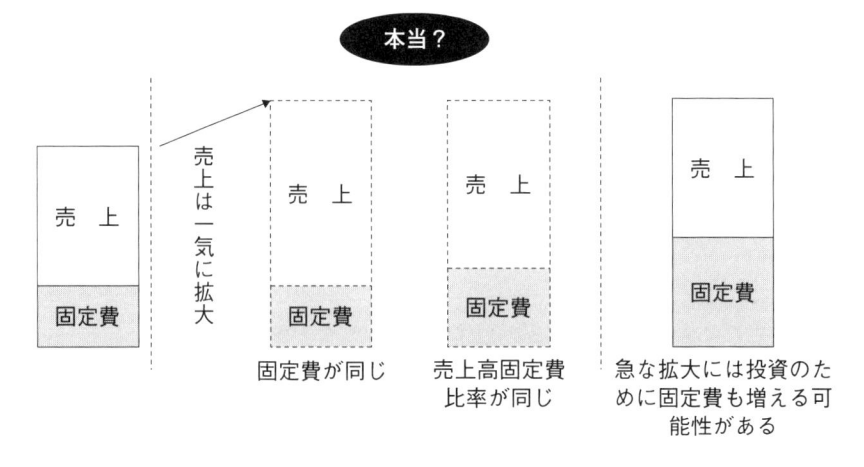

本当？

| 売上 / 固定費 | 売上は一気に拡大 → | 売上 / 固定費 固定費が同じ | 売上 / 固定費 売上高固定費比率が同じ | 売上 / 固定費 急な拡大には投資のために固定費も増える可能性がある |

業員が疲弊して辞めてしまったりと、既存店の業績にまで影響を与えることすらある。

　急激な事業拡大を計画しているような取引先があった場合には、その拡大に必要な投資的費用は考慮されているのかを確認してほしい。売上が大きく増えれば、固定費といってもある程度増えざるをえないし、急激な拡大を志向するのであれば、固定費比率が上昇するケースもあるのだ。

④　一面的な視点から、楽観的・都合のよいコストダウン計画を立てている

　4番目は、一面的な視点から、楽観的・都合のよいコストダウン計画を立てているケースである。

　典型的な例は、生産拠点を労働費の安い海外に移すことで大幅なコストダウンを計画しているケースである。労務費や地代の安いアジア・中南米に生産拠点を移す取組みは、毎日のように新聞記事に載っているし、取引先の競合先がすでに取り組んでいたりする。金融機関担当者としては、「グッドアイデア。そのとおり」と頷きたくなるところではあるが、取引先の費用をトータルでみた場合に本当にコストダウンにつながるのだろうか？　という視点で考えてみる必要がある。

　たしかに、生産拠点を海外に移すことで製造原価（特に労務費）は安くなるだろう。しかし、物流費はどうだろうか？　海外まで材料・部品を運び、海外の工場で生産した後、製品をまた日本に輸送して、検査して出荷する。また、リードタイムが長くなる分、在庫を多くもつ必要もある。その保管費用や売れ残った場合の廃棄ロスはどうだろうか？　また、距離が遠くなった分、販売側と生産側の情報のやりとりも煩雑化するだろう。そのために管理部門の業務量やスタッフの人数を増やす、などなど少し考えるだけでもコスト増加の要因が続々と出てくるのである。そうなると、本当に総費用が下がるかどうかは、海外拠点に移すメリット（主に労務費のコストダウン）とデメリット（物流費や管理費等の増加）を比較しないとわからない。

第6章　費用計画・原価低減計画の検証

上の例のように、大幅なコストダウンを図るような事業計画を立案するような取引先があった場合には、ある費用を減らすことが、別の費用を増やすことにつながらないか、それを比較検討したうえでの計画なのかという点を確認してほしい。そのためには、取引先の事業についての外部環境を理解しておく必要がある。

⑤　改善効果の時間軸が考慮されていない
　5番目は、これまでの4つすべてに共通することでもあるが、費用低減計画や改善効果の時間軸を十分に考慮できていないケースである。つまり、費用計画やコストダウンそのものは、環境や自社の特徴を認識して作成されていたとしても、達成の難易度やスピード感を甘めにみているケースである。
　たとえば、工場の機械化や工程改善によりコストダウンを図っていても、すぐにできる場合とそうでない場合がある。むしろ、当面は効率が落ちることによって、コスト増要因になる可能性すらある。コストダウンの考え方と方策自体は正しくても、実現スピードと効果が見込まれるタイミングを最後のチェックポイントとして確認してほしい。
　図表6-4は以上で述べてきたタイプ1の問題点を認識するための「着眼点」を整理したものである。

3　費用・原価のさらなる低減余地を探る

　ここでは、金融機関担当者として、業績が芳しくない取引先に対して、より厳しい費用計画・原価低減計画を立案するよう指導する、もしくは十分な費用計画・原価低減計画が作成できているかどうかの確認をするための勘所を示す。

図表6-4 タイプ1の問題を認識するための着眼点

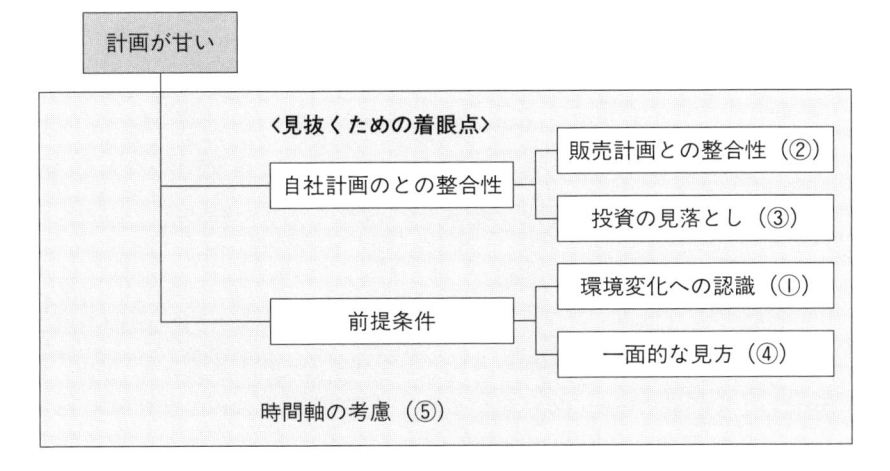

```
計画が甘い
    ├─ 〈見抜くための着眼点〉
    ├─ 自社計画のとの整合性 ──┬─ 販売計画との整合性（②）
    │                         └─ 投資の見落とし（③）
    ├─ 前提条件 ──┬─ 環境変化への認識（①）
    │             └─ 一面的な見方（④）
    └─ 時間軸の考慮（⑤）
```

(1) タイプ2：費用・原価の低減余地のレベル感

まず、費用・原価の低減余地を探るにはどのような見方ができるかを考えたい。実行の難易度が低い順番、つまり最低限やるべきもの・やって当り前のものから、業績状況に応じて大ナタを振るうようなものまでを示す。

① 明らかな無駄・使いすぎの費用がないか？
② オペレーション・業務の効率化により、費用やコストの絶対額を下げる。もしくは、効率を高めることができないか？
③ 事業や業務の構造そのものを変えることで、コストを劇的に下げるような手は必要ないか？

(2) タイプ2のレベル別問題の具体例・典型例

前述したレベル感ごとに、典型的な問題を述べていく。

① 明らかな無駄・使いすぎの費用がないか？

1番目は、明らかに無駄・使いすぎの費用を削る、というものである。比

較的小さなものでいうと、接待交際費・備品費・旅費交通費などが該当する。大きなものでいうと、システム開発・メンテナンス費用などの外部委託経費や広告宣伝費などが典型例である。

こういうと、「当たり前ではないか？」「いまどきそんな会社はないのでは？」と思われる方も多いだろう。しかし、経営コンサルタントとしてお客様により深く入り込んでみると、経営の無駄が多いことに驚くことが少なくない。

いくつか例をあげよう。実質的な必要性が乏しいのではないかと思われる社内会議のための海外出張に何人も行っているケース、不要不急の備品を市販価格以上の価格で購入しているケースなど、容易に改善可能なケースは意外と多い。また、過去に結んだ契約の見直しを怠って、無駄な費用を払っているケースもある。たとえば、洋品の輸入販売を行う小売チェーンでは、過去に締結した「仕入額の最低○％を広告に投下」「最低仕入れボリューム」などの条件を放置していた。その後、市場環境や商品のライフサイクルが変わったために、無駄な広告費用を投下していたり、売れるはずのない量を仕入れて廃棄ロスを出したりと、不必要な費用をかけていたのである。

最低限やるべき無駄の削減が本当にできているかを、もう一度確認する必要がある。

② オペレーションの効率化により、費用やコストの絶対額を下げる。もしくは、効率を高めることができないか？

2番目は、業務改善の積重ねや日々の仕事のやり方を見直すことで、コスト削減につなげることができないか、という視点である。

たとえば、集中購買や部材点数を減らすことで材料の購買単価を下げたり、梱包仕様を簡略化することで荷役人件費を削減したりすることなどである。

具体的な施策や方法論は、さまざまなコストダウン・経費削減の事例を書籍等で情報収集することができる。また、個別具体的な業務改善策を経営

者に対して提言することは、金融機関担当者には直接的に求められてはいない。したがって、本書では代表的な例を述べることと、取引先からの情報収集や経営者との会話の場面における留意点を中心に示す。大切なのは、以下の2点である。

a 徹底できているか？

1つ目のポイントは、「皆が徹底的にやっているか？」である。たとえば、競争環境の厳しい事業部門では実行していても、花形部門では危機感が薄く、無駄が残っているなどが典型例である。全体の取組レベルを底上げすることができれば、コストダウンの余地はさらに広がる。

b 勝てる改善になっているか？

2つ目のポイントは、「できる改善ではなく、勝てる改善になっているか？」である。「うちの従業員は優秀で、よく頑張っています」と胸を張る経営者がいるとする。しかし、経営に大事なのは、「結果が出ているか？」である。また、通常の努力で「できる改善」に満足してはいないかをみていくことも必要である。競合他社がさらに改善とコストダウンを進めているな

図表6－5　代表的なオペレーション効率の改善策例

区　分	改善策例
売上原価	サプライヤーの集約（分散） 部材点数の削減 発注方式の見直し 多能工化の促進 設備の保全による不良・不稼働の削減
販　管　費	積載効率の向上 物流工程の効率化（マテハン機器の導入等） 倉庫のスペース効率の向上 営業マンの活動時間配分の見直し（人件費効率を上げる）

らば、自社が「できる」ことで満足してはいけない。競争相手に「勝つ・勝てる」改善でないといけないのである。

現場の工夫・努力でさまざまな取組みをしていてもなお十分な業績が残せていないのであれば、いよいよ次のステップである、「事業や業務の構造の改革によるコストダウン」が必要になってくる。

③ 事業や業務の構造そのものを変えることで、コストを劇的に下げるような打ち手は必要ないか？

3つ目は、事業や業務の構造そのものを変えることで、劇的にコストを下げる余地はないかを検証することである。

まず、「構造を変える」という抽象的な表現を、もう少し具体的に類型化したい。ここで「構造の改革によるコストダウン」とは、以下のような類型を想定している。

a 事業体制を事業の規模・採算性に合わせて縮小すること

いわゆるリストラ策である。売上の低迷に合わせて、営業拠点の数を縮小したり、生産拠点を集約したり、もしくは、国内生産から撤退したり、製品ラインアップの削減に伴い開発部隊を縮小・共通化したり、などが典型例である。

b 業務モデル（業務の流れ）を変えることで、抜本的に低コスト化する

少しイメージしづらいので、事例を簡単に紹介したい。受注型機械メーカーA社の事例である。

A社はもともとは、地域事業部制をとり、各地域で営業・設計・開発・顧客の工場での組立て・納入を行う業務モデルで事業を行っていた。各地域で受注からデリバリーまでを完結させるモデルである。

ところが、バブル崩壊・景気低迷に伴い、受注件数が減少するとともに、1件1件の受注規模が小型化し、採算がとりにくくなった（案件は小型でも営業・設計の手間はさほど変わらないので、固定費が回収しづらい）。この事態

図表6－6　事業体制縮小の例

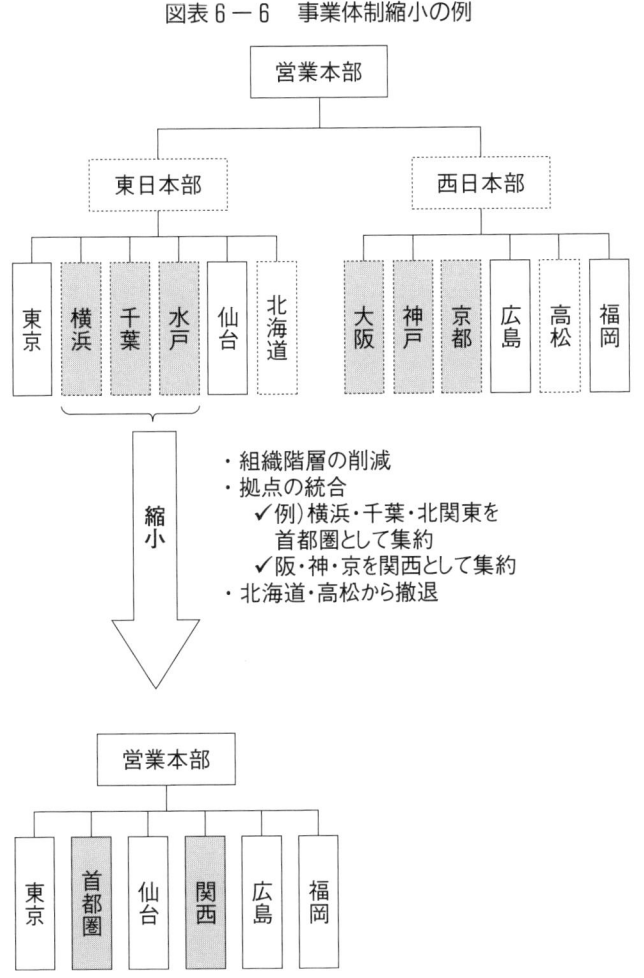

```
                    営業本部
                   /        \
             東日本部          西日本部
          /  |  |  |  \      /  |  |  |  \
        東 横 千 水 仙 北   大 神 京 広 高 福
        京 浜 葉 戸 台 海   阪 戸 都 島 松 岡
                    道
```

横浜・千葉・水戸 → 縮小

・組織階層の削減
・拠点の統合
　✓例）横浜・千葉・北関東を
　　首都圏として集約
　✓阪・神・京を関西として集約
・北海道・高松から撤退

```
              営業本部
         /  |  |  |  |  \
        東 首 仙 関 広 福
        京 都 台 西 島 岡
           圏
```

に対し、事業責任者は上記パターンaの対応策をとっていた。つまり、不採算拠点のリストラや拠点の人員削減を進めることで、なんとか利益を捻出しようとした。しかし、なかなか利益が上向かない一方で、リストラすべき拠点も減り、度重なるリストラで士気低下・ノウハウの流出が著しくなっていた。同じ業務の流れのまま、人員を減らし・厳しい業績管理を行ったために、

営業は目先の小型案件の確保に走り、設計・納入部隊はその対応に追われてしまっていた。一方で本来行うべき付加価値の高い案件の発掘や新製品の新開発が中途半端になるという事態を招いていたのである。

そこで、事業構造改革として、単純なリストラを継続するのではなく、業務モデルを変革することで、抜本的なコストダウンを実現することを企画した。そのポイントは以下のとおりである。

・営業部隊を、採算のとりやすい大型製品群と採算性の低い小型製品群に分けた（地域制の廃止）
  ➢ 小型製品群の受注は受注センターで処理するような効率型モデルにした。あわせて、製品の標準化も行った。
  ➢ 本来の営業部隊は大型製品群に特化し、その分野での発掘や顧客への提案に専念する。
・親会社での設計・納入は大型物件に特化し、小型案件は子会社や組織化された外注業者に担当させ、数割の低コスト化を図る。

図表6－7　オペレーションモデル入替えの例

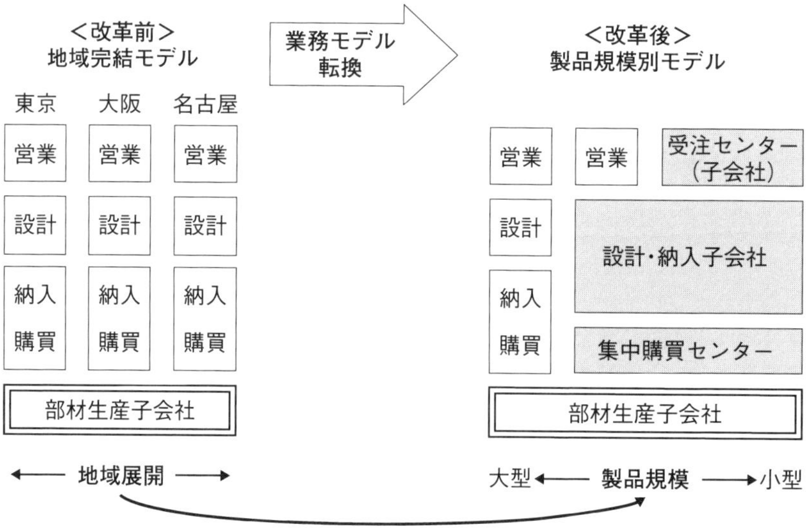

・あわせて、地域別の設計・納入部隊が個別に行っていた購買を集中化し、購入部材や外注業者の購入単価を下げ、無駄をなくす。

　上記は業務モデル改革のごく一例であるが、単純なリストラ策とは異なることはわかっていただけるだろう。

　単純なリストラ策は、短期的には利益を生むことができるが、長くは続かない。単純なリストラを続けて弱体化する前に、業務モデルの改革を伴う体質改善を検討すべきである。

　リストラが続き、事業の先行きが見通しにくくなっており、従業員の間にも閉塞感の漂っているような取引先に対しては、抜本的な体質改善の道がないのか検討することを経営者に働きかけていくことが金融機関としては必要であろう。外部の経営コンサルタント等の専門家を活用して、検討の具体化を進めるのも一案であろう。

4　費用計画・原価低減計画の検証のために

　ここまで、費用計画・コスト低減計画においてよくみられる課題について、2つのタイプに分けて典型的な例や対処の方向性を述べてきた。ここからは以下の2点について述べていく。

・金融機関担当者として、取引先の課題のタイプや程度に気づくにはどのような点に着目すればよいか？
・取引先とともに、より効果と実現性の高い費用計画を作成するにはどうすればよいか？

(1)　取引先の費用・原価に影響を与える要素

　費用面の問題・課題ならびに必要な施策は、業種・業界や企業の規模・戦略よって千差万別である。ここではその特徴を把握するための第一歩として、取引先の費用・原価に何が影響を与えるのかを、一般的なフレームワークを

図表 6 − 8　費用・原価に影響を与える要素

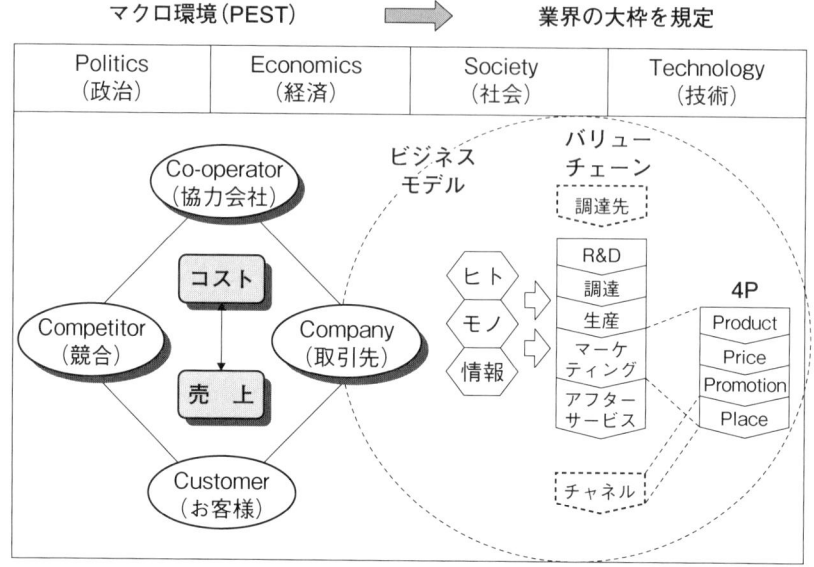

マクロ環境（PEST）　　⇒　　業界の大枠を規定

Politics （政治）	Economics （経済）	Society （社会）	Technology （技術）

（図：4つのC（Co-operator（協力会社）、Competitor（競合）、Company（取引先）、Customer（お客様））とコスト・売上の関係、ビジネスモデル、バリューチェーン（調達先、R&D、調達、生産、マーケティング、アフターサービス、チャネル）、ヒト・モノ・情報、4P（Product、Price、Promotion、Place））

4つのCの関係で売上や費用が決まる　　バリューチェーンのどこに資源を投入するかで、コスト構造が決まる

用いて包括的に整理する。

　図表6−8にあるように、取引先の費用・原価はさまざまな要素の影響を受ける。なかには、自社の意思決定と工夫でコントロール可能な部分もあれば、外部要因として与件として考えざるをえない要素もある。

　PEST分析、4C分析などの各フレームワークについては、本書の前半を含むさまざまな書籍で紹介されている。ここでは、どのようなメカニズムでそれぞれの要素が費用・原価に影響を与えるのかという点と、金融機関担当者が留意すべき点を中心に述べる。

① フレームワークと費用・原価への影響関係の概略

a　PEST分析

　いわゆるマクロ環境を構成する4つの要素（Politics：政治、Economics：経済、Society：社会、Technology：技術）から、業界の概略の特徴（顧客・仕入先との力関係、競合の激しさ、代替製品のリスク、市場の成長性等）が規定されるとみてよい。業界の特徴により、費用の増減の余地やコスト競争力の重要度の度合いが決まってくるのである。

b　4C分析

　業界のなかで、取引先（自社）は、競合先と戦いながら、顧客に商品・サービスを提供して売上をあげる。競争が激しく、顧客や協力会社との力関係が弱ければ、売上を獲得するための費用もかかる。その一方で、価格転嫁が許容される費用や原価も限られてしまう。一方、自社の競争力が相対的に高い、もしくは顧客に圧倒的な支持を得ていれば、費用をかけずとも売上が獲得できたり、費用を価格に転嫁しやすかったりする。

c　ビジネスモデル・バリューチェーン

　取引先は、競合との競争に勝ち顧客の支持を獲得するために、ヒト・モノ・カネ・情報といった経営資源を自社のバリューチェーン（R&D、調達・生産、マーケティング等）に投入する。どの資源をバリューチェーンのどこにどれだけ投入するかにより、取引先の費用・原価の構造が決まってくる。また競争上重要になる投資・費用が特定されてくる。

d　マーケティングの4P

　バリューチェーンのなかで、主にマーケティングにフォーカスしたのがマーケティングの4P（Product：製品、Price：価格、Promotion：宣伝、Place：チャネル等）である。マーケティングの4Pで規定される内容は販売計画の方針に位置づけられるものである。よって、売上を獲得するための費用（Product：製品開発費等、Price：リベート等の実質値下げ原資、Promotion：広告宣伝費等、Place：販売手数料等）もマーケティングの4Pに影響を

受ける。

　これらのフレームワークは、一般には、事業戦略や販売戦略を立案するための手法として定着している。それらの戦略立案上の要素が取引先の費用・原価に影響を与えていくことに留意していただきたい。

② PEST（政治・経済・社会・技術）と費用・原価との関係における代表的なケース

　本章の初めに述べたように、原料相場（Economics）などにより取引先の原価が大きく左右されるケースが代表例である。

　ほかには、法令（Politics）によりコストが上昇するケースも注意が必要である。たとえば、建築基準法の厳格化により、建設業界などでは設計や法対応のためのコストが急増した。また、物件の企画・土地仕入れから完工するまでの時間が長くなった分、その間の金融費用等の負担も増している。また、個別業界に限った話ではないが、J-SOX法・会計基準の見直しにより、上場維持のための費用（主に管理部門の人件費と外部委託費）が急増したというのも代表的な例である。

③ ４Ｃと費用・原価との関係における代表的なケース

　４Ｃと費用・原価との関係を考えたい。たとえば、顧客（Customer）との関係の例をあげよう。消費材メーカーにとって、大手流通業は大口の購入先になる一方で、費用・原価面では、製品の仕様や購入頻度に細かい条件がついたり（製造原価の上昇要因）、物流加工や販促活動への協力を要求したり（販管費の上昇要因）することが少なくない。このように「顧客との関係により費用・原価も変動しうる」という点を認識しておく必要がある。そしてその影響が大きい場合は、「（取引先は）その顧客から本当に儲けることができているのか」を把握しておく必要がある。

　競合（Competitor）との関係において大事なのは、やはりコスト競争力で

あろう。粗利率・従業員1人当りの人件費・従業員1人当りの売上高・売上高減価償却費比率などを競合と比較すれば、取引先の費用・原価や効率性の面での改善余地がどこにありそうかのヒントが得られる。

④　ビジネスモデル・バリューチェーンと費用・原価との関係における代表的なケース

　取引先のビジネスモデル・バリューチェーンによって、「取引先は、何に・どういう形で費用・原価がかかるのか、かけるべきなのか？」が変わってくる。たとえば、同じテレビ事業を行っていても、パネルを外部から調達するビジネスモデルと自社で生産するビジネスモデルでは、費用・原価の構造や費用・原価の削減のために必要な取組みも異なる（前者だと仕入部材費用の低減、後者だと生産設備の稼働率や労務費など）。

　ここで、意識していただきたいポイントは、「取引先にとって、最も重要な経営資源は何か？」「取引先のバリューチェーンのなかでコアになる機能は何なのか？」「それに即した費用・原価計画になっているのか？」という点である。

　取引先にとってコアでない（競争上の重要性が相対的に低い）部分に関する費用計画・原価計画はシビアな目でみる必要がある。たとえば、不必要なまでに豪華で広いオフィスビルや、法人向け企業にとっての広告宣伝費用などがわかりやすい例だろう。また、組織間調整のための部署（いわゆる総合〇〇部、〇〇企画部、〇〇推進室など）に（役職・人数ともに）相当な人員を配置している場合がある。規模の面で成長が見込めた時代には、資源配分や諸活動を調整・推進することがコアな機能だった。しかし、事業規模が縮小したり、成長力が低下したりしている場合は、そのようなな間接機能への資源配分が適正であるかどうかを確認したほうがよい。

　一方で、力を入れるべきコアの機能については、一定の資源投下をするような計画でなければならない。たとえば、情報産業や外食業にとっての人材

の採用・育成、ハイテクメーカーにとっての開発・生産技術、海外を含む多拠点に展開するメーカーにおける基幹情報システムなどが該当する。このようなコア機能に対する安易なコスト削減計画は注意が必要である。重要度・優先順位を見極め、戦略的に一定の費用投下を続けるべき場合もあるからだ。

⑤　マーケティングの4P

　本章の2⑵でも述べたように費用計画・原価低減計画は、販売計画と整合性がとれている必要がある。取引先の販売計画の方針に当たるのがマーケティングの4P、すなわち、マーケティング戦略である。その意味で、マーケティングの4Pと費用計画・原価低減計画にも密接な関係がある。

　Product（製品）の例でいえば、新製品を継続投入して販売を伸ばす販売計画なら、製品開発費がふくらんだり、広告費・販促費などがふくらんだりする。また、廉価品・普及品で販売数量の増加をねらう販売計画なら、粗利が確保できるだけの徹底したコストダウンを計画する必要がある。

⑥　まとめ

　①～⑤において、費用・原価に影響を与える要素に何があるかの概略を整理した。金融機関担当者として、取引先の費用・原価の計画に対しては、これらの要素を念頭に置きながら、把握と検証を進めるようにしていただきたい。

⑵　費用・原価の代表的な分析手法

　図表6－9で、取引先の費用・原価の計画を検証するための、もしくは取引先によりよい費用・原価の計画を立案してもらうための分析手法をいくつか紹介する。これらは、主に数値面からの分析手法である。

図表6-9 代表的な分析手法

着 眼 点	分析手法の代表例	主なねらい
全社業績 事業別の業績	コスト構造分析 感度分析	重要度の高いコストの明確化
	ドライバー分析	コストドライバー（コスト増減の要因）の明確化
	過年度業績分析	費用・原価の傾向把握
将来の見通し	成行分析	コストダウンの必要性の見極め
組織業績	拠点・組織別の損益分析	不採算・採算拠点の特定と問題分析
商品別採算	商品別の採算分析	コストダウンすべき製品の特定
ベンチマーク	ベスト・ワースト法	自社内でのベンチマークを行い、全体の底上げを図る
	競合他社比較	自社のコスト水準・効率のレベルを測る

〈費用計画・原価低減計画検証のためのチェックリスト〉

○取引先の費用計画・原価低減計画が楽観的すぎないかを確認するために	
事業環境の変化を十分認識した内容になっているかを確認・検証する	
販売計画と整合性のとれた費用・原価の計画になっているかを確認・検証する	
売上を伸ばすために必要な投資的な費用を考慮しているかを確認・検証する	
一面的な視点からの楽観的なコストダウン計画になっていないかを確認・検証する	
計画実現や改善効果発現の時間軸を考慮しているかを確認・検証する	
○取引先の費用・原価のさらなる低減余地を認識するために	
明らかに無駄・使いすぎの費用はないかを確認・検証する	
オペレーション・業務の改善により費用の削減・効率性の向上を図れないかを確認・検証する	
オペレーション・業務の改善は徹底・やり尽くされているかを確認・検証する	
事業や業務の構造改革により抜本的に費用・原価の構造を改革する余地はないかを確認・検証する	
○取引先の費用・原価に大きな影響を与える要素を認識するために	
マクロ環境(政治・経済・社会・技術)における重要な要素を把握する(PEST分析)	
競合状況や取引先との関係などを把握する(4C分析)	
バリューチェーン(R&D、調達・生産、販売、マーケティング、物流等)のうち、取引先にとってのコアの機能は何か、コアの機能における重要な費用・原価は何かを把握する	
将来、取引先の費用・原価の増加(減少)要因になるような環境変化や取引先の事業戦略を把握する	
○取引先の費用・原価の特徴を把握しているか	
取引先の費用・原価の構造(構成や傾向、それぞれに対する影響要素)を把握する	
取引先の損益構造(製品別・顧客別等の売上の特徴、それぞれの採算性の特徴など)を把握する	
取引先の費用・原価のうち、大きく増減している部分がないかを把握する	
上記についての主な原因を把握する	

第7章

設備投資と経営計画の関係の確認

　取引先の経営計画を検証していく際に設備投資の側面から経営計画を検証していくことは、リスク（＝不確実性）の高さ、インパクト（＝影響）の大きさという観点から、金融機関にとって非常に重要なポイントです。この章ではこの点を対象とします。
　企業が長期にわたって成長していくためには一定の設備投資が必要です。そして、一般的に設備投資は、5年先・10年先といった中長期の将来を見据えて計画・実行されます。そのため、必然的に投資金額も大きなものとなりやすいといえます。その結果、投資実行後は固定費が増大し、事業が計画どおりに進展しなかった場合は、取引先ならびに金融機関に与えるリスクはきわめて大きいものとなります。つまり、長期にわたってプラスにもマイナスにも大きな影響を与えうる点が設備投資の特徴です。
　しかし、現実には、事業の将来についての完璧な予測は不可能であり、リスクの伴わない設備投資は存在しません。そこで、金融機関にとって、「設備投資がどのようなリスクを伴っているか」ということを把握しようとすることが重要となるのです。
　そこで、本章では、設備投資計画を検証するために、「設備投資に関するリスク要因」と「設備投資が企業に与える影響」を把握することの必要性とそのポイントを説明していきます。

1 設備投資計画検証の視点

　金融機関にとって、取引先の設備投資計画の検証は非常に重要な意味をもつ。営業開拓面においては多額の資金需要取込みの大きなチャンスであると同時に、与信面においては大きなリスク要因となりうるからである。この章では、設備投資計画を検証する際に、金融機関として特に留意しておきたい視点を2点紹介する。

　1つ目は"設備投資計画が有しているリスクを把握する"ということである。設備投資は長期にわたる投資のために不確実性（＝リスク）が大きく、金額も大きいことが多い。したがって、経営に与える影響も大きい。

　将来を完全に予測することが不可能である以上、リスクがゼロの投資は存在しないが、ここで一度振り返ってみていただきたい。取引先の策定した設備投資計画について「どこにリスクがあるか」を強く意識して検証できているだろうか。「設備投資計画の内容についてはしっかりと確認するようにしている」という方が多いと思う。しかし、「取引先から聴取した投資内容・ねらう投資効果・収支計画を比較して、それらの整合性を確認する」だけにとどまってはいないだろうか。

　たとえば、「ある製品の需要が拡大する。だから新たに工場を建設して売上を伸ばす」という計画があった場合、工場建設によってどれだけ生産能力が増加するか、それが売上計画と乖離がないか、という確認だけにとどまっていないだろうか。「需要が拡大する」という取引先の言葉を「業界歴が長い社長がいっているから間違いない」と鵜呑みにしていないだろうか。しかし、本来はここにも大きなリスクが存在しているはずである。業界歴が長いからこそ、無意識になんらかの前提を置いて経営判断を行っている可能性がある。

　金融機関としては、完全にリスクをゼロにすることはできないとしても、

「どのようなリスクが存在しているか」ということは把握しておかなければならない。これが1つ目の視点である。

2つ目の視点は、設備投資計画と経営計画の関連性である。設備投資は経営計画の実現のために立案される。そのため、設備投資計画の立案の順序としては、経営計画立案の前に、①経営計画達成は既存設備で可能か否か、②可能でないとすれば、そのボトルネックはどこにあるのか、③ボトルネックに対する解決策は何か、という順で検討が行われていなくてはならない。そして、ボトルネックに対する解決策の選択肢の1つとして、新規設備投資、既存設備の更新・改造等の設備投資計画が検討されるはずである。

しかし、実際には、経営者の思いや社内政治的な力などの要因により、本来は手段であるはずの設備投資が目的にすりかわってしまい、「設備投資の実施ありき」で計画が立てられていたり、判断がゆがめられているケースも存在する。当然、このような投資は失敗に終わる可能性が高い。したがって、金融機関としては、提出された設備投資計画の中身の検証だけでなく、「設備投資の実施ありき」となっていないかどうかを客観的に検証することも重要である。

また、設備投資は経営計画にさまざまな影響を与える。しかし、往々にして、費用面において初期投資と減価償却費増加分ぐらいしか経営計画に反映されていないことも多い。現実には設備投資は、取引先の財務構造と損益構造に長期間影響を与える。金融機関としては、それらの影響についても検証しておく必要がある。

上記の設備投資計画の具体的な検証ポイントについて、1つ目の視点は「2　設備投資に存在するリスク要因」で、2つ目の視点は「3　設備投資の必要性・経営計画への影響の把握」で説明する。

実際には、多数の取引先を抱え多忙をきわめる金融機関担当者にとって、これらの視点から検証を行うことは非常に難易度が高い。したがって、すべてのケースにおいて、これらの検証を行うことは不可能だろう。しかし、

「このような考え方がある」ということは念頭に置いておいていただきたい。そして、自身が把握できて"いない"部分がどこなのか、ということを、取引先へのヒアリング時や計画の検証時に意識するようにすることが重要である。そのことにより、与信判断における「重大な漏れ」が防げるようになってくるはずである。

2 設備投資に存在するリスク要因

まずは1つ目の視点、リスク要因の把握についてみていく。金融機関としては、取引先の設備投資計画に関して、どこにどのようなリスクが存在しているかを把握しておくことが重要である。そして、それらを認識したうえで取引先の設備投資計画を評価し、与信方針を検討していくことが必要である。そのために、どのような切口から設備投資に伴うリスクを把握し、計画を検証していけばよいのか、という点について説明する。

設備投資に関連するリスクは大きく2種類に分類できる。「設備投資計画に内在するリスク」と「設備投資計画の実施局面でのリスク」である。

1つ目のリスクは「設備投資計画に内在するリスク」である。設備投資計画は中長期の将来にわたる予測・想定に基づいて策定されている。実は、ここに大きなリスク要因が含まれている。設備投資計画は、需要予測などの根拠に基づいて収支計画などを検証し、立案される。つまり、需要予測の算出方法がある程度正しいということと、収支計画立案の基礎情報が正しいということが前提になっている。しかし、実際には、需要予測が大幅に外れることもあるし、収支計画の前提が変わることもある。設備投資計画は「覆る可能性がある前提に基づいて立案されている」というリスクを内在しているのである。

2つ目のリスクは「設備投資計画の実施局面でのリスク」である。計画はいくら体裁が整っていて、論旨一貫していても、実行されなければ単なる

図表7－1　設備投資計画検証の概念図

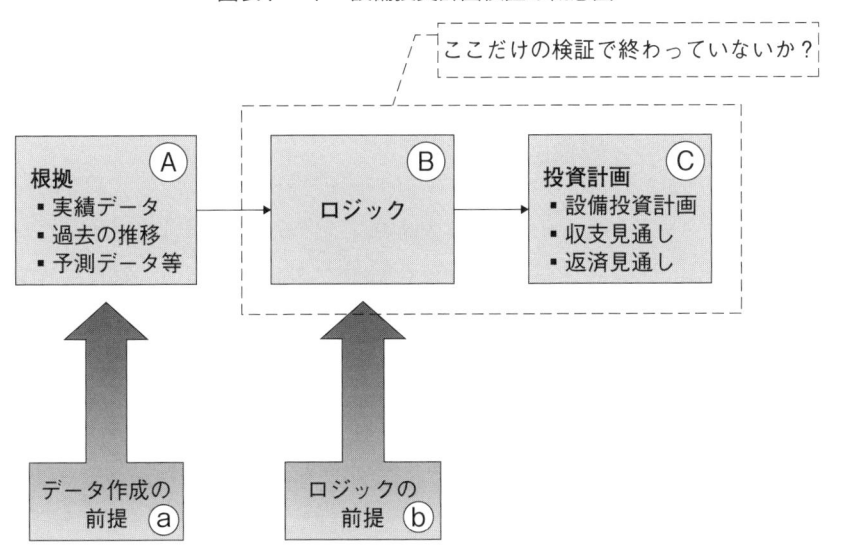

```
           ┌ ここだけの検証で終わっていないか？ ┐

  ┌──────┐      ┌──────┐      ┌──────┐
  │ 根拠   Ⓐ│      │      Ⓑ│      │投資計画 Ⓒ│
  │・実績データ│  →  │ロジック  │  →  │・設備投資計画│
  │・過去の推移│      │      │      │・収支見通し│
  │・予測データ等│    │      │      │・返済見通し│
  └──────┘      └──────┘      └──────┘
      ↑                ↑
  ┌──────┐      ┌──────┐
  │データ作成の │      │ロジックの  │
  │  前提  ⓐ│      │  前提  ⓑ│
  └──────┘      └──────┘
```

「絵に描いた餅」である。計画自体は是であっても、取引先にその計画の実行能力が備わっているかどうかは別の問題である。取引先が設備投資計画に基づく計画を実行できる人材・組織体制・ノウハウ・企業風土等を有しているか否かを見極めていくことが必要である。この点は、「設備投資計画の実行能力の検証」として、本章の末尾で触れることとする。

1つ目の設備投資計画に内在するリスク要因について、図表7－1を参照いただきたい。これは設備投資計画の検証に関する概念図である。検証の手順としては、①まずAからBそしてCに至る「根拠をもとに設備計画立案に至るロジック」を確認する。そして次に、②根拠とロジックの背景にある「前提」を確認する。

住宅建築向けの建材を製造している架空の建材メーカー「K社」を例として考えてみよう。この企業が生産能力拡大のための設備投資を検討しているとする。K社に確認したところ、「住宅業界全体での需要は減少しているものの、第一次取得者の戸建取得ニーズはむしろ高まっている。したがって、

安価な住宅を提供するパワービルダー向けの販売が伸びる」という判断から増産のための設備投資を検討しているとのことであった。金融機関としては、設備投資計画の蓋然性を検証しなくてはならない。

(1) ロジックと根拠の確認

まず行うべきことは、計画立案に至るロジックを確認すること、そしてその根拠を確認することである（Cに至るA、Bの確認）。しかし、往々にして取引先のいうことを鵜呑みにし、「需要が予想どおりに増加した場合、損益はこうなる」というロジックと経営計画の突合せだけで検証が終わってしまい、需要が増加するという"根拠"の確認を行っていないことがある（C→Bのみの確認）。"仮に"需要が増加した場合の損益計画を確認しても、計画の一貫性との整合性を確認しただけにすぎない。ロジックBは、「パワービルダーからの建材需要が増加する」という予測を根拠にしている。予測が外れてしまうと、いくらその予測に基づいたロジック（パワービルダーの需要が増加すれば、自社の売上が増加するというロジック）が正しくても、計画どおりの結果とはならない。

したがって、この需要予測の根拠についてしっかりと確認しておかなくてはならないのである。このケースであれば、自社で行った需要予測、調査会社から入手した需要予測、過去の納入実績、大手パワービルダーの売上推移や売上目標の数値、販売先から直接仕入れた情報、官公庁の統計などが考えられるだろう。根拠に関しては、根拠の内容を確認するとともに、複数の信頼できる情報源からの情報をもとにしているか、一次情報（自ら仕入れた情報）と二次情報（本・ネットなど第三者から仕入れた情報）を組み合わせて検証しているか、という点について確認しておきたい。

(2) 前提の確認

① 根拠の前提の確認

　根拠A自体が、一定の前提aのもとに成り立っていることにも注意が必要である。これは需要予測の求め方・データの定義や算式などである。そして、ここにもリスクが潜んでいる。需要予測にはいろいろな手法がある。しかし、需要予測の算定方法が実態に即したものでなければ、当然、算定された結果は何の意味もない。したがって、予測値を使用するうえでは、算定方法がどのようなものであるか、またその算定方法の長所・短所は何か、前提条件は何か、などを確認し、過去の予測が実績とどれくらい乖離しているか、その要因は何か、をきちんと確認しておくことが必要である。根拠としての需要予測の前提を確認する場合には、以下の点について検証することが有効である。

- ➢ 設備投資判断の根拠に需要予測が含まれているかどうかの確認
- ➢ 需要予測の根拠となるデータはどのようなものを用いているのか、そのデータの収集・算定方法、収集者、収集年月等のデータの概要
- ➢ 過年度の当該需要予測の予測と現実との対比（特に対象予測期間、地域などを明確に）

② ロジックの前提の確認

　ここまでで、「需要が増加する」という根拠とその前提について確認した。しかし、需要が増加すれば販売と利益が増加し、経営計画が達成できるというロジックBにも前提bがあり、リスクがある。たとえば、取引先のロジックには「競合他社は同じようなことをしてこない」「材料の仕入価格は一定である」「販売価格は過去実績と同じである」「設備投資実施後、予定どおりすぐに製造に着手できる」などといった前提を置いている可能性がある。これらの前提は、取引先の業界経験が長いほど、無意識に十分な検討が行われ

ないまま置かれてしまう傾向がある。しかし、競合他社も当然同じようなことを考えている可能性があるし、仕入価格が相場によって大きく変動する可能性、販売先が値下げを要求してくる可能性、なんらかの原因で製造着手が遅れてしまう可能性、等のロジックが崩れるさまざまなリスク要因が存在している。

　このように、設備投資計画はさまざまな前提のもとに策定されており、むしろ前提にこそリスクを内包している。したがって、取引先のロジックと根拠を確認し、それらと前提を分けて考えることにより、設備計画に関するリスクを把握することが必要である。前提自体が正しいか否かを正確に判断することは不可能である。しかし、重要なことは「取引先がどのような根拠（データ）をもとに、どのような前提を置いて、どのようなロジックで投資判断を行っているか」ということを把握・検証し、設備投資案件のリスクを明確に認識する、ということである。そして、把握した根拠・前提・ロジックに対して「金融機関としてどう判断するか」という結論を出すことが、設備投資計画に対する与信判断の肝である。

3　設備投資の必要性・経営計画への影響の把握

　設備投資は経営計画にさまざまな面から影響を与える。金融機関としては、初期投資だけでなく、設備投資が長年にわたって経営計画に与える影響についても検証する必要がある。この節では、設備投資計画検証の２つ目の視点「設備投資の必要性・経営計画への影響の把握」についてみていく。

　設備投資計画を検証するためには、「①設備投資の必要性」と、「②設備投資が経営計画に与える影響」を確認しておかなければならない（図表７－２）。なぜならば、設備投資は経営計画を実現するために行われるのだが、一方では設備投資が経営計画に大きな影響を与える、という性質をもっているから

図表7－2　経営計画と設備投資計画の関係

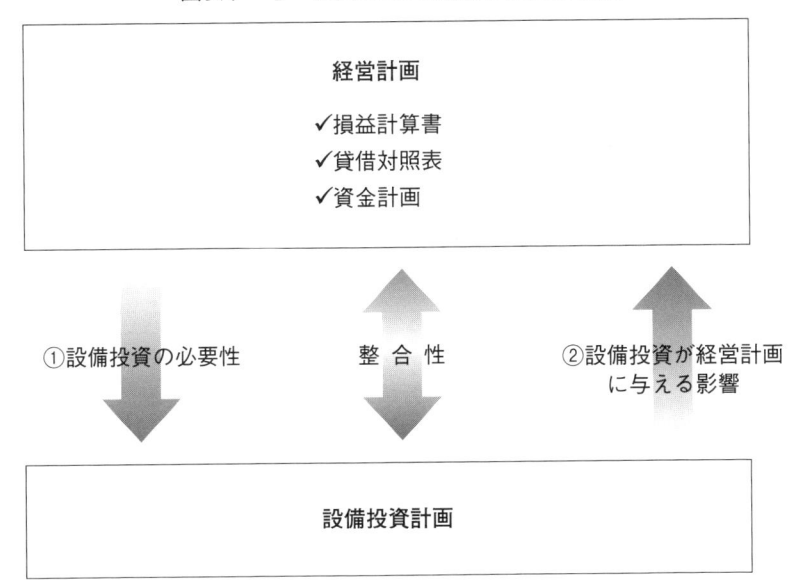

```
┌─────────────────────────────────────────┐
│              経営計画                    │
│          ✓損益計算書                     │
│          ✓貸借対照表                     │
│          ✓資金計画                       │
└─────────────────────────────────────────┘
   ↓           ↕              ↑
①設備投資の必要性  整 合 性   ②設備投資が経営計画
                              に与える影響
┌─────────────────────────────────────────┐
│             設備投資計画                 │
└─────────────────────────────────────────┘
```

※設備投資計画は経営計画の一部であるが、ここでは他の損益計画や貸借対照表との関連を示すために上記のような記載方法をとっている。

である。

(1) 設備投資の必要性の検証

■設備投資ありきの設備投資計画になっていないか

　設備投資を検証する場合、直ちに投資対効果や収支見通しなどの設備投資計画自体の検証に入ってはいけない。その前に、設備投資と経営計画との整合性を確認する必要がある。この確認を怠ると、経営計画と設備投資計画がチグハグなものになり、後に「設備投資が経営計画の実現につながらない」「何のための設備投資だったのかわからない」ということにもなりかねない。場合によっては、経営計画の実現のためには「現在の状況ではむしろ投資しないほうがよい」、あるいは「ほかにもっとよい代替案がある」ことも考え

られるのである。すなわち、設備投資計画ありきでその投資対効果を検証するのではなく、まず経営計画が先にあり、「その達成のための手段を考える」というアプローチで考えられていることを検証する姿勢が重要である。

そのためにはまず、"経営目標"と"経営計画"をしっかりと確認しておこう。どちらか一方だけでは不十分である。何をどのレベルにまで達成することを目標としているのか（経営目標）、どのようにして実現していこうとしているのか（経営計画）、ということを確認しておかなければならない。この際には、設備投資は長期間に影響する意思決定であるから、短期だけでなく、長期的なスパンで確認しておく必要がある。

次に、取引先が以下の点について十分に検討していることを確認してほしい。

➢ 経営計画は既存設備の活用（改造等）によっては実現できないのか
（下記「操業度・稼働率の確認」を参照）
➢ 投資金額は適正か、投資金額算定の根拠は何か
➢ 外注やリース等の代替案は検討されたか

これらのことを検証することにより、取引先において「経営計画の実現のためにはこの設備投資が不可欠である」という判断がなされたことを確認するのである。

■操業度・稼働率の確認

設備投資の必要性を検証する際には（設備投資の目的が既存の設備等ではそもそも対応が不可能な新製品の製造である場合などは別として）、既存設備の活用状況を確認しておくことが重要である。つまり、「既存設備のさらなる活用ではもう対応できないのかどうか」を確認するのである。そのためには、設備の操業度と稼働率（注）について把握しておくことが効果的となる。これらは設備の活用度合いを示す重要な指標であり、既存設備のさらなる活用に関しての対応可能余地・キャパシティを確認することができる。

操業度や稼働率が低いということは、まだ既存設備の活用余力があるとい

うことである。受注の増加に残業で対応した場合などは、操業度は100％を上回る。稼働率100％であれば、操業時間内は機械がフル稼働していたということである。これらの指標を確認する際には、年間を通じての平均だけでなく、月次単位で確認しておきたい。販売や生産には季節性があるため、年間平均だけみていても実態がつかめないからである。

操業度の高い企業が、既存設備そのままで販売量の増加による売上の拡大を計画した場合には、残業や休日出勤によって対応するか、新たな設備投資を行って売上拡大を目指すか、既存の設備のキャパシティの範囲内での計画とするか、などの選択肢を検討する必要がある。しかし、操業度が高くても稼働率が低い場合には、現場においてトラブルに対応している、メンテナンス等に手間がかかっている、ライン変更に時間がかかっている、などの問題が背景に存在している可能性がある。したがって、操業度だけをみて、安直に「増産のためには設備投資が必要」、という判断を下すことは危険ということになる。操業度と稼働率の両方を確認するようにしてほしい。

(注) 操業度と稼働率……これらの用語の詳細な説明は本書の目的とは異なるが、簡単に触れておく。操業度とは、基準操業時間に対して実際にどれだけ活動したか、という指標である。つまり、たとえば9時から夕方5時までといった定められた操業時間に対し、実際にどれだけの時間業務を行っていたり、生産を行っていたか、ということである。したがって、機械がまったく動いていなくても、9時から始まり夕方8時まで残業していれば「操業していた」ということになり、操業度は100％以上になる。一方、稼働率とは、実際の活動時間のうちどれだけ実際に機械が稼働していたか、ということを示す。したがって、ライン変更・会議・メンテナンス等を実施している時間は稼働時間には含めない（なお、操業度や稼働率を確認する場合には言葉の定義に注意する必要がある。企業や工場によっても含める時間の範囲が異なる場合があるからである）。

(2) 設備投資が経営計画に与える影響

設備投資の必要性が確認できたら、次に、設備投資が経営計画に与える影響を検証する。つまり、設備投資を行った結果、経営目標・経営計画が達成

できるのか、を検証するということである。たとえば、売上拡大のために高額の設備を導入した結果、売上は計画を達成したものの、費用がかかりすぎて利益が計画を大きく下回ってしまった、というケースがよくある。設備投資の必要性が高くとも、設備投資の影響を検証した結果、経営目標・経営計画の達成が困難ということになれば、経営計画や設備投資計画自体にそもそも無理があると判断を下さなければならない。

　また、設備投資は損益・財務構造に幅広く影響を与える。貸借対照表に及ぼす影響、損益計算書（原価・費用）に及ぼす影響、資金計画に及ぼす影響等を検討し、取引先にとってのリスク規模を確認し、そうしたリスクに取引先が耐えられる状況かどうかを見極めておく必要がある。

　ここで注意しておきたいのは、取引先にとって生死を賭けるような設備投資案件だと判断されるからといって、与信をすべきではないということではないということである。どれだけ取引先にとって重要かつ必要な案件であるかを認識し、リスクをふまえて与信判断していくことが重要である。リスクの認識とリスクへの対処法を中心に経営者と認識を共有していくことも大切なことである。

4　設備投資計画の実行能力の検証

　ここまでは、設備投資"計画"の検証についてみてきた。最後に、設備投資の成果の実現を左右する「計画の実行能力の検証」について説明する。

　経営計画の実現のために活動を行うにあたり、すべてが計画で想定したとおりに進むことはまずない。必ず想定外の事態が発生する。その際には、営業部門と製造部門、営業部門と管理部門、支店と本社などの間において、さまざまな対立が生じがちである。そうした状況に直面したとき、社内一体となって、「自社の経営計画達成のためには何をすべきか」という視点で連携し、対立を解消する解決策を見出そうとする組織力を有した企業でなくては、

経営計画の達成はむずかしい。

　設備投資に関しても同様である。いくら設備の能力が高くなっても、設備投資に関連する部門の活動が設備投資の狙いに沿って強化されなければ、投資の効果を実現することはできない。金融機関としては、取引先の設備そのものの能力だけでなく、社員が自社の目標や経営計画・投資計画とその意図を共有し、実現のために一丸となって取り組んでいるかということや、状況変化に応じて部門間・組織間が連携して対応できているか、ということを把握しておくことが重要である。少なくとも経営者がこの点についてどのような問題意識をもっているか、ということは確認しておかなければならない。定性的ではあるが、取引先との日常のやりとりのなかで、これらの組織力に関する認識を把握するように努めることも、経営実態把握を強化し、よりよい与信判断を行ううえでは重要である。

〈設備投資と経営計画の関係を確認するためのチェックポイント〉

○設備投資の目的の確認について	
経営目標と経営計画を確認する	
経営目標・経営計画が既存設備の活用のみでは実現できないことを確認する	
投資規模について、必要性の検証が行われたことを確認する	
代替案が検討・検証されたことを確認する	
○設備投資と経営計画の関係の確認について	
設備投資が貸借対照表に与える影響について確認する	
設備投資が売上に与える影響について確認する	
設備投資が売上原価・費用に与える影響について確認する	
○設備投資計画に内在するリスク要因の把握について	
設備投資計画の内容について確認する	
設備投資計画立案の根拠となっている、データや需要予測について確認する	
それらのデータ作成の前提事項や計算式について確認する	
根拠から設備投資計画に至るロジックについて確認する	
ロジックを考える際に前提となっていることについて確認する	
○経営計画等の実行能力について	
経営目標・経営計画・投資計画とその意図が社員に共有されているかどうかを把握するように努める	
社内における対立発生時には、部門間で協力して経営目標達成のために解決策を見出そうとするような組織風土・組織力を有しているかどうかを把握するように努める	
経営者が経営目標・経営計画を組織内で共有・浸透することの重要性を認識しているかどうかを把握する	

第 8 章

資金計画の検証

　この章では、経営計画の検証の仕上げとして、資金計画の検証について述べていきます。ポイントは、「資金計画と経営計画のギャップを探る」ことです。

　資金の融資を主な事業とする金融機関にとって、投融資先の資金計画──何のために、いつ、いくらの資金が必要となり、どのように返済するのか──は非常に重要な情報です。

　また、資金計画は、売上計画・費用計画・設備投資計画などの各種の計画を資金の流れという視点から計画化しているものであり、資金計画を検証することは経営計画を検証することとほぼ同義といってもよいものです。

　しかし、経営計画はチャレンジングな達成目標として策定されることが多いのに対し、資金計画は保守的に策定されるという、相反する側面があります。したがって、資金計画からさかのぼって経営計画を検証し、資金計画と経営計画のギャップを把握することにより、取引先自身が認識している経営計画のリスクを把握することが可能となるのです。

1　資金計画の目的

まず初めに、取引先が資金計画を作成する目的、ならびに金融機関にとって資金計画を検証する目的を確認しておきたい。

(1)　資金計画作成の目的（取引先側の視点）

取引先が資金計画を作成する究極の目的は、資金不足を防ぐことである。赤字や債務超過になっても企業は倒産しないが、黒字であっても資金不足になれば倒産する。そこで取引先は、資金不足にならないように、今後いくらの資金がいつ入金し、いくらの資金がいつ出金するかを確認する。そして、それに合わせて計画的に資金の準備を行い、資金不足にならないように備える。こうしたプロセスを円滑に遂行するために、取引先は資金計画を作成するのである。

(2)　資金計画検証の目的（金融機関側の視点）

では、金融機関が資金計画を検証する目的は何だろうか。

金融機関は取引先に資金を融資する。取引先の入出金のタイミングの差異、投資と回収の時間的差異を埋めるためである。そして金融機関は、取引先の将来の資金の動きを把握して資金ニーズを探るとともに、融通した資金の回収可能性を検証しながら与信を与える。したがって、取引先の将来の資金の動きを反映した資金計画を検証することは、与信を行うか否かを判断することを目的としているのである。

2　資金計画と経営計画

取引先によっては、経営計画が"経営計画書"として体系的に策定されて

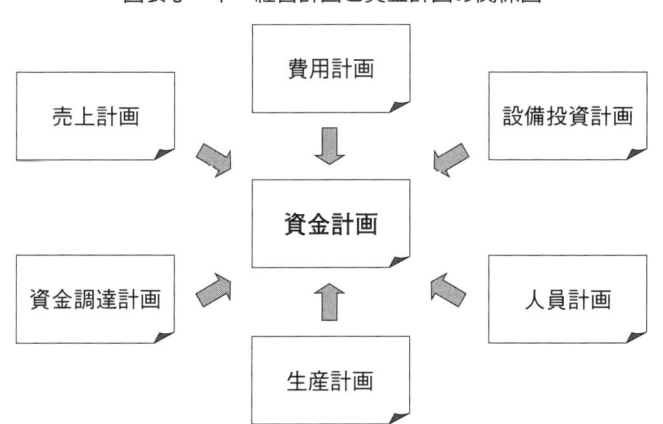

図表8－1　経営計画と資金計画の関係図

```
          費用計画
            ↓
売上計画 →       ← 設備投資計画
          資金計画
資金調達計画 →     ← 人員計画
            ↑
          生産計画
```

資金計画とは、さまざまな種類の計画を、資金の動きからまとめたもの

いない場合も少なくない。また、経営計画書が作成されている場合でも、記載内容・項目はさまざまであり、経営計画を実質的に把握するのに必要な情報がすべて記載されていない場合も多い。

　これに対して、資金計画はなんらかの形で策定されていることがほとんどである。なぜならば、もし資金が不足すれば事実上倒産を意味することになるため、しっかりと資金の動きを前もって想定しておく必要があるからである。

　"経営計画書"が作成されているかどうかにかかわらず、資金計画には売上計画・費用計画・設備投資計画等の各計画が、資金の流れという視点から反映されているはずである。したがって、資金計画を検証することは、資金の流れを通じて経営計画全体を検証することになる。

3　資金計画と経営計画の突合せと検証の必要性

　資金計画の検証に際しては、資金計画のベースになっている各種の計画を

検証し、整理することが重要である。しかし、金融機関として行うべきことは、資金計画と経営計画の整合性の確認がすべてではない。それらを突き合わせることによって、"取引先が認識している経営計画上のリスク"を探っていくことが必要である。

① 経営計画と資金計画の違い

　経営者にもよるが、経営計画はチャレンジングな目標を掲げることが多い。崇高なビジョンと高い目標を掲げ、社内を目標へ向かってモチベートしていくことは経営者の重要な仕事の1つである。

　一方、資金計画については、保守的に作成されているケースが多い。なぜならば、資金計画では最も実現可能性が高い状況を想定し、それをベースに資金の準備をしておくことが必要だからである。したがって、資金計画は経営計画と同じようにチャレンジングなものであってはならない。

図表8－2　資金計画と経営計画の違いと、取引先の認識する経営計画のリスク

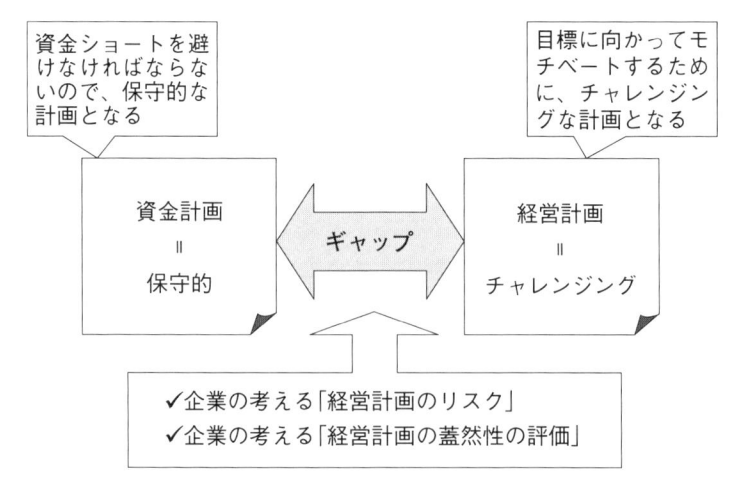

```
┌─────────────────┐                              ┌─────────────────┐
│資金ショートを避  │                              │目標に向かってモ  │
│けなければならな  │                              │チベートするため  │
│いので、保守的な  │                              │に、チャレンジン  │
│計画となる        │                              │グな計画となる    │
└────────┬────────┘                              └────────┬────────┘
         │                                                │
    ┌────┴────┐        ┌────────┐             ┌────┴────┐
    │ 資金計画 │        │        │             │ 経営計画 │
    │   ＝     │ ←──→ │ギャップ│ ←──→      │    ＝    │
    │  保守的  │        │        │             │チャレンジング│
    └─────────┘        └────────┘             └─────────┘
              ↑                                    ↑
              └──────────────┬─────────────────────┘
                   ┌─────────┴──────────────────┐
                   │✓企業の考える「経営計画のリスク」│
                   │✓企業の考える「経営計画の蓋然性の評価」│
                   └────────────────────────────┘
```

② 取引先自身が認識する経営計画のリスク

　資金計画を立案する取引先の財務・経理部門は、実現可能性が高い状況を想定し、それをベースに資金の準備をする。さらに、そうした想定よりも状況が悪化した場合の資金手当ても視野に入れている。つまり、資金計画には表向きの経営計画がそのまま反映されているのではなく、取引先自身が認識しているリスクが反映されているのである。

③ 資金計画と経営計画の突合せと蓋然性の把握

　資金計画には取引先の認識している経営計画に内在するリスクとその評価、すなわち経営計画の蓋然性の評価が反映されている。つまり、資金計画と経営計画の"ギャップ"こそが、取引先の認識している経営計画の蓋然性と考えることができる。そこで、資金計画を検証する際には、資金の流れからさかのぼって経営計画を検証する。その際、資金計画と経営計画の整合性を確認するだけでなく、それらの間にあるギャップを積極的に探り、その理由・背景を確認する姿勢が重要である。こうした検証により、経営計画自体の検証では明らかにならなかった"新たなリスク"が発見できる可能性があるのである。

　ただし、外部者向けに提出された"資金計画書"上では、経営計画書と整合性がとれていることが多い。特に金融機関向けに提出される書類であれば、矛盾がないように作成されているはずである。たとえ取引金融機関であるといえどもすべての内部資料を開示してもらうことはむずかしいだろう。したがって、必要な内部向けの管理資料を依頼する以外にも、日々の情報収集や経営計画の検証のなかからみえてきた仮説を取引先の財務・経理担当者に確認してみるなど、あらゆる方面からギャップ、つまり取引先の認識しているリスクを探っていこうとする姿勢が重要となる。

　また、取引先の経営管理レベルによっては、蓋然性が低いと思われる経営計画に基づいて資金計画を作成していたり、過去の延長線上という前提だけ

で資金計画を作成していることもある。このような取引先は切羽詰まってから金策に奔走することになるケースが多い。仮に現状では事業がうまくいっていたとしても、金融機関にとっては注意の必要な取引先であると考えたほうがよい。

4 資金の流れから経営計画を検証する

　次に、資金計画と経営計画の突合せを行う際の検証ポイントについて説明する。売上計画・費用計画等の経営計画の各要素の検証は各章で記述したとおりである。ここでは突合せを行う際に意識したいポイントについて、運転資金・固定資産・資金調達計画という3つの側面からみていく。

(1) 運転資金

　必要運転資金は、「平均月商×(売上債権回転期間＋棚卸資産回転期間－仕入債務回転期間)」により求められる。したがって、運転資金の検証においては、月商や仕入額などの金額と、売掛債権・棚卸資産・買掛債権の回転期間の検証がポイントとなる。当然であるが、販売先や仕入先の変更が計画されている場合には、取引開始先と取引解消先の決済条件や取引額が必要運転資金に反映されていなくてはならない。

　また、資金繰り表などにおいて、出金に関しては想定されるものを一通り反映させておき、一方の販売代金の回収をはじめとする入金予定に関しては、"確度"に応じて入金予定に計上するか否かの基準を定めている企業もある。つまり、入金については結果としてブレることも多いため、堅めに「ほぼ大丈夫だろう」という入金予定のみを計上する。そして、「その場合であれば、いつ、どれぐらいの資金が必要になるか」ということを想定しているのである。確度のランクづけ・資金計画への計上基準などは各社さまざまであるが、ここを掘り下げることによって、取引先の認識している入金の確度を探って

いくことができる。

(2) 固定資産

固定資産に関しては、設備投資に関する検証が最重要ポイントとなる。

設備投資の予定がある場合、単純に資金計画に初期投資金額と減価償却費が反映されていればよいということではない。設備投資の影響が売上計画や費用計画に反映されている必要がある。すなわち、初期投資の金額に加え、それらの計画に反映されている事項を再度確認しておくことが必要である。具体的には、初期投資額、設備投資に伴う売上計画・費用計画への影響、設備稼働時期とキャッシュフローへの貢献時期等が資金計画上どのように反映されているか、ということについて検証しておきたい。

(3) 資金調達計画

資金調達については、銀行借入れによるものであれ、資産売却等によるものであれ、実現可能性と金額の妥当性を検証しておく必要がある。資金計画に数字上織り込まれているものについては、調達見込みを確認しておくことが重要である。具体的には、銀行借入れであれば融資の申込みはすでに行われているのか、与信枠は確保しているのか、過去実績内の借入れであるのか、応諾は得ているのか、等を確認する。資産売却であれば、社内の意思決定の状況、売却価格の妥当性、買手の有無、買手の信用力、交渉の進展状況、契約条件等を確認しておく。

また、取引先自身が経営計画の蓋然性に懸念がある、あるいは将来的な資金調達に不安があると感じており、万が一に備えた準備を行っている場合がある。たとえば、現預金を必要以上に確保している、与信枠の空き枠を多く確保している、取引金融機関を急に増やしている、長期運転資金を多く調達している等である。かつて、業績好調で、かつ経営計画でも強気の目標を掲げているにもかかわらず、どうみても実際の必要資金以上の融資を受けてい

る企業があった。金融機関も「なぜそんなに資金が必要なのだろう」と不審に思いながらも、貸出の実績が欲しいために、各金融機関が競って融資の売込みを行っていた。その結果は、急激に事業が悪化し、多額の不良債権を伴っての倒産であった。このようなケースは、決して珍しいものではない。

資金調達計画において、資金需要が明確でない多額の資金の調達を行っているなど異常な調達を認識した場合は、取引先が直面している状況や認識しているリスクを洞察・確認していくことが必要である。

5 モニタリングの実施

どれだけ緻密に分析を行い、計画を検証したとしても、すべてが計画どおりに進むことはまずない。資金計画に限ったことではないが、計画立案時に蓋然性を検証するだけでなく、その後の進捗・実行状況について随時モニタリングを行っていく必要がある。経営計画のなかでも特に資金の動きについては、融資の返済能力に直結すること、経営計画における各種の計画が反映されていることから、計画と実績の差異をきめ細かくフォローしていくことが重要である。

(1) 取引方針変更の判断

資金計画と実績に差異が出た場合、金融機関としては差異の原因の分析とともに、取引方針の変更を検討する必要性が出てくる。その際の最も重要な判断基準は、融資の返済能力である。

そして、取引方針を検討するためには、計画と実績の差異が事業を根幹から揺るがすようなものなのか、あるいは一時的なものなのか、重大性を慎重に見極めなくてはならない。計画と実績に差異が出たときに、その原因を慎重に検証することをせずに差異の金額の大小だけで対応を検討することは、与信管理上のみならず、取引先との関係維持の面においても非常に危険であ

る。

　したがって金融機関は、資金計画とその背景をしっかりと把握・検証したうえでモニタリングに臨み、計画と実績に差異が生じた場合には、原因の洞察と重大性の判断を慎重に行うようにしたい。

(2) モニタリングのポイント

　次に資金計画のモニタリングの際の重要ポイントについて述べる。

　すべてに共通するポイントは、「差異の原因を洞察し、今後の資金計画に与える影響を検証する」ということである。

① 運転資金

　販売代金の回収が計画を下回った場合、その原因としてさまざまなことが考えられる。直接的な原因としては、売上数量の減少・売上単価の下落・売上債権回転期間の長期化、売上債権の貸倒れがある。そしてさらにその背景としては、事業の外部環境が変化した、マーケティング施策が不調に終わった、生産や材料調達が計画どおりにいかなかった、競合先が予想外の攻勢をかけてきた、販売先の業況が悪化して債権回収が遅れた、といったことが考えられる。仕入代金の支払のズレに関しても同様に、原因と背景を検証する必要がある。

　重要なことは、差異があったことを認識するだけでなく、その原因と背景を突きとめることであり、それらが今後どのように推移するか、取引先がどのような対策を打とうとしているのかを確認・検証することである。

② 固定資産

　設備投資はあらゆる経営計画に影響を与える。したがって、モニタリングの際にも、計画どおりに設備投資が行われたか、という確認だけでは不十分である。計画どおりに設備が稼働しているか、計画どおりに売上増加や経費

削減に結びついているか、といったことについても確認しておく。

　これらの検証を行うためには、当初の設備投資の目的を把握しておくことが必要である。そして、モニタリングの際には、差異の原因は早期に解消するのか、あるいは解消は困難で重大なものなのか、を確認するのである。

③　資金調達計画

　資金調達に差異が生じた場合、その原因は大きく２つに分類される。

　１つ目は、資金の動きに計画との差異が生じたため、それに伴い調達予定を変更したケースである。この場合は、調達予定を変更することになった原因を確認・検証する。

　２つ目は、計画どおりの調達を試みたができなかったというケースである。この場合は、なぜ計画どおりに調達できなかったのか、覆る見込みはないのか、ほかに代替案はあるのか、その見込みはどうか、といったことを確認・検証し、今後の資金計画に与える影響を見極める必要がある。

〈資金計画を検証するためのチェックポイント〉

○資金計画と経営計画の突合せ	
経営計画と資金計画のそれぞれの作成スタンスを把握する	
経営計画と資金計画のギャップを把握する	
資金計画と経営計画のギャップが意味する事項（取引先の認識する"経営計画のリスク""経営計画の蓋然性"など）についての仮説を整理する	
○運転資金からの検証	
販売先・仕入先の変更・決済条件の変更について確認する	
売上計画・費用計画がどのように資金計画に反映されているかを確認する	
○固定資産（設備投資）からの検証	
設備投資計画が、どのように資金計画に反映されているかを確認する	
○資金調達計画からの検証	
調達計画について、実現性と金額の妥当性を確認する	
不自然な調達計画が見受けられる場合には、その背景を確認する	
○資金計画のモニタリング	
当初計画と実績の差異について確認する	
差異の根本原因について洞察する	
原因の重大性・今後の計画に与える影響について確認・検証する	

付　録

経営計画書のひな型

1 付録の目的・使い方

　本書では、さまざまな切口から取引先の経営実態把握のポイントと、それに関連しての経営計画の検証ポイントについて述べてきた。各章の内容をふまえることにより、今後におけるより実践的な把握・検証に役立てば幸いである。

　外部者である金融機関が経営計画の検証を行うためには、経営計画書が最も重要な手がかりとなる。したがって、どのような経営計画書を受領するかということは、経営計画検証の質を大きく左右する。一方で、取引先から提出される経営計画書は多種多様である。記載項目・記述レベル・様式など、取引先によっても、あるいは年度によっても異なる。ここでは、経営実態把握と経営計画の検証に焦点を当てていた本文とは別に、取引先が作成する経営計画書そのものについて述べる。一般的な経営計画書の体系や盛り込まれていることが望ましい記載項目についての理解を深めることで、取引先に経営計画書を依頼する際や、経営計画を検証する際の参考としてほしい。

　付録の構成は以下のとおりとなっている。

1　付録の目的・使い方
2　全体概念図
3　経営計画の体系
4　経営計画の記載項目の一覧
5　経営計画書のひな型
6　経営計画書からの本書各章の索引

　それぞれについて、簡単に説明しておこう。
　「全体概念図」では、本書の内容と経営計画書の関係を1枚の図に表してある。

「経営計画の体系」では、一般的な経営計画の体系を示す。冒頭で述べたように、取引先から受領する経営計画にはさまざまなものがあるが、経営計画は全体としては一般的にはどのような体系になっているのかを理解していただきたい。

　「経営計画の記載項目の一覧」では、販売計画や生産計画などといった個別の計画における、一般的な記載項目を示す。各計画にはどのような項目が記載されているのか、ということを一覧表にまとめてある。

　「経営計画書のひな型」は、検証のベースとなる経営計画書について、ひな型を添付した。

　「経営計画書からの本書各章の索引」では、経営計画書と本書の各章の該当ページとの関連を示している。取引先から経営計画書を受領したときに、本書のどこをみればよいかが確認できる。

2　全体概念図

　図表付−1は、経営計画書と本書の内容の関連を表した概念図である。全体像を確認する際の参考としていただきたい。

3　経営計画の体系

　次に、経営計画の体系について確認する。

　ここでは、全社計画・事業別計画・機能別計画という切口から、一般的な経営計画の体系をみていく。

　全社計画は、取引先の企業全体の方向性を決定するものである。企業としての使命・存在意義や長期的な目指す姿や価値観（ミッション・ビジョン・バリュー）に基づいて、事業ポートフォリオの決定や資源配分を検討し、中期目標を決定する（中期経営目標・中期基本戦略）。中期計画は通常3年から5

図表付-1　経営実態把握の全体体系図

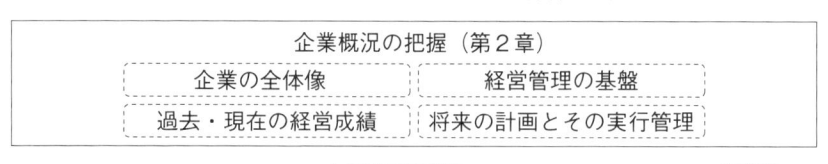

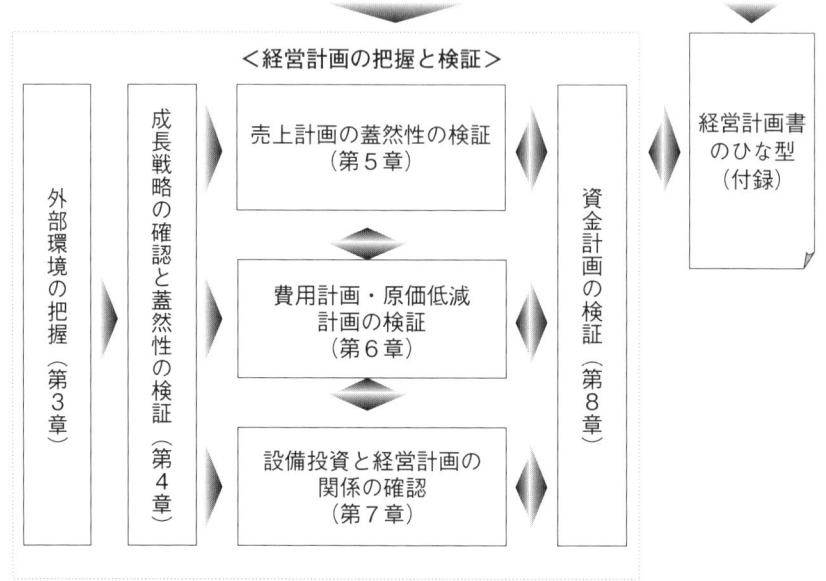

```
企業概況の把握（第2章）
  企業の全体像        経営管理の基盤
  過去・現在の経営成績  将来の計画とその実行管理
              ↓

＜経営計画の把握と検証＞

外部環境の把握（第3章） ｜ 成長戦略の確認と蓋然性の検証（第4章） ｜ 売上計画の蓋然性の検証（第5章）／費用計画・原価低減計画の検証（第6章）／設備投資と経営計画の関係の確認（第7章） ｜ 資金計画の検証（第8章） ｜ 経営計画書のひな型（付録）
```

年のスパンで立案する。そして、さらにそれをもとに、単年度の目標と計画にブレイクダウンしていく（単年度目標・単年度計画）。

　複数の事業を行っている場合には、全社計画を事業単位へ展開する必要がある。それが事業別計画である。ここでは、各事業における目標と、目標を具体的にどのように達成していくかという計画が立案される。中期計画を単年度計画に落とし込んだ後、さらにそれを月次レベルや週次レベルまで落とし込んで、活動計画を立案する。特に損益計画は重要であり、市場別・拠点別・製品群別・組織別などにブレイクダウンされる。

　現在は非常に事業環境の変化が激しい。したがって、一度計画を立案しても、状況が大きく変わってしまうことも多い。そのため、計画立案後も見直

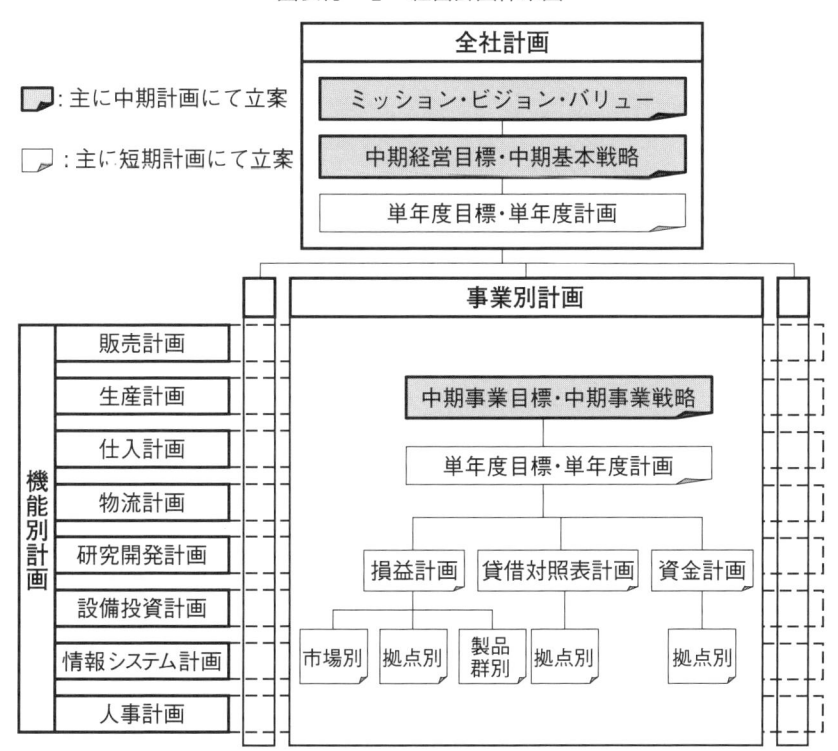

図表付－2　経営計画体系図

■：主に中期計画にて立案
□：主に短期計画にて立案

全社計画
- ミッション・ビジョン・バリュー
- 中期経営目標・中期基本戦略
- 単年度目標・単年度計画

事業別計画
- 中期事業目標・中期事業戦略
- 単年度目標・単年度計画
  - 損益計画：市場別／拠点別／製品群別
  - 貸借対照表計画：拠点別
  - 資金計画：拠点別

機能別計画
- 販売計画
- 生産計画
- 仕入計画
- 物流計画
- 研究開発計画
- 設備投資計画
- 情報システム計画
- 人事計画

しを行う必要がある。中期計画については年度ごと、単年度計画に関しては半期、あるいは四半期ごとに見直しが行われることが多い。

　機能別計画は、仕入れや生産といった、機能ごとに立案される計画である。事業単位に個別に立案されることもあれば、事業横断的に立案されることもある。

4　経営計画の記載項目の一覧

　図表付－3は、一般的な経営計画の構成要素別に、その内容と記載項目、計画立案の際の作成の切口などについて記載したものである。

図表付－3　経営計画の記載項目一覧表

	計画の種類	内容	一般的な項目	一般的な作成の切口	重要性	ひな型
全社計画	ミッション・ビジョン・バリュー	企業のあるべき姿・長期的に目指す姿を表したもの	使命・存在意義・あるべき姿・目指す姿・なりたい姿・顧客に提供する価値・価値観・行動基準		○	
	中期経営目標・中期基本戦略	中期的な定量目標と戦略方針	定量目標（売上高・経常利益・ROI・ROS・キャッシュフロー・有利子負債残高など）・ドメイン・事業ポジショニング・全社方針		○	
	単年度目標・単年度計画	単年度の目標と基本戦略	定量目標（売上高・経常利益・ROI・ROS・キャッシュフロー・有利子負債残高など）基本方針・主な施策損益計画・貸借対照表計画・資金計画	事業別・市場別・拠点別	○	
事業別計画	中期事業目標・中期事業戦略	事業の経営計画の基本となる目標・方針や重点施策	定量目標（売上高・経常利益・ROI・ROS・キャッシュフローなど）基本方針・主な施策損益計画・貸借対照表計画・資金計画	市場別・拠点別・製品群別	○	✓
	単年度目標・単年度計画	単年度の目標と基本戦略	定量目標（売上・利益・ROI・ROS・キャッシュフローなど）基本方針・主な施策・実行スケジュール	市場別・拠点別・製品群別	○	
	損益計画	単年度の損益計画	損益計算書各項目財務指標（売上高総利益率・売上高営業利益率など）	市場別・拠点別・製品群別	○	✓
	貸借対照表計画	単年度のBS計画	貸借対照表各項目財務指標（流動比率・当座比率・固定比率・自己資本比率など）	拠点別	○	✓
	資金計画	単年度の資金繰り・資金調達・資金運用に関しての計画	CF計算書（フリーキャッシュフロー・投資キャッシュフロー・財務キャッシュフロー）資金運用表（運用・調達）	拠点別	○	✓
機能別計画	販売計画	単年度の売上目標をブレイクダウンしたもの	売上高（売上単価・数量）	事業別・市場別・製品群別・拠点別・顧客別・担当者別	○	
	生産計画	よいものを、早く、安く、無駄なくつくるための計画	生産品目・生産量・生産スケジュールQDC（品質・納期・コスト）生産性（稼働率・能率・歩留まり）	製品群別・拠点別・ライン別	△	

機能別計画	仕入計画	品質・納期を守りながら物資を仕入れ、コストダウンを図る計画	仕入高（仕入単価・数量）・納期 仕入商品・半製品・部品・材料・原料	仕入先別・品目別・拠点別	△	
	物流計画	効率的に、必要なものを、必要な場所へ供給するための計画	納期・物流コスト 積載効率・ルート・輸送手段	事業別・地域別・製品群別・チャネル別	□	
	研究開発計画	研究開発に関する計画	テーマ・目的・予算・期間	事業別・テーマ別	□	
	設備投資計画	設備投資に関する計画	投資内容・投資目的・投資金額・投資時期・投資効果	事業別・拠点別・機能別	△	✓
	情報システム戦略	情報システムに関する計画	投資内容・投資目的・投資金額・投資時期・投資効果 IT企画・保守運用・管理監査	事業別・拠点別・機能別 システム（インフラ・アプリケーション）	□	
	人事計画	組織・人事に関する計画	組織体制・評価体系・人件費予算 採用・教育 人員計画・人数・人材要件	拠点別・人材要件別・職責別・年齢層別	△	

　取引先の経営計画書ないしは経営計画を確認する際に、本来的にはどのような項目が記載されている必要があるのか、ということを確認するためのチェックリストとして活用していただければ幸いである。

　表の見方について簡単に説明する。

　ここで記述している各種計画は、前記3の経営計画体系図（図表付－2）に記載している計画の種類と同様である。

　「一般的な項目」は、各計画において記載されるべき代表的な項目について記載している。何が記載されているべきなのかということを確認していく際に活用していただきたい。

　「一般的な作成の切口」は、計画立案の際によく用いられる切口である。受領した計画書が漠然としすぎていないか、ブレイクダウンする必要がないかを確認する際に有効である。

　「重要性」は、金融機関として受領・検証する重要性を目安として3段階で示してある。○は必ず受領・検証すべき計画、△と□は経営計画全体にインパクトが大きいと判断された場合に受領・検証すべき計画である。△と□

では、検証が必要となるケースが比較的多いものを△とした。ここで、△や□の計画について、どういった場合にどの計画を検証すべきなのかという問題がある。たとえば、金融機関が情報システム計画を検証することは通常においてはあまりない。しかし、取引先の経営計画を検証していくなかで、情報システム計画が経営計画の実現を左右すると判断されるような場合――具体的にいえば、構築を検討している情報システムが取引先の競争力を大きく左右する場合、情報システムへの投資が資金計画や財務構造に与える影響が大きいとき――などは検証する必要が出てくる。そのような場合、経営計画との整合性や、財務構造に与える影響、前提としておいている外部環境の予測などの検証が必要になってくる。つまり、経営目標・損益計画などの蓋然性を検証するためには情報システム計画の検証が必要である、と判断された場合に検証を行うのである。したがって、△や□の計画に関しては、最初からこれらの計画の検証の必要性を判断するのではなく、日常の情報収集や経営計画の検証を進めていく過程のなかで検証の必要性を検討し、必要な場合に受領・確認・検証を行うという流れになる。

最後に、「ひな型」の列に✓がついている計画は、次の5にて書式のひな型を添付している計画である。

5　経営計画書のひな型

経営計画の各構成要素のうち、金融機関にとって経営計画の検証を行う際のベースとなる重要な計画と判断したものについて、計画書のひな型を添付した。

具体的には、事業別計画―基本戦略（図表付－4）、貸借対照表計画（図表付－5）、資金計画（図表付－6）、損益計画（図表付－7）、市場別・製品群別・拠点別月次損益計画（図表付－8）、設備投資計画（図表付－9）である。これらは、本書に沿った経営実態把握と経営計画の検証の流れを想定した場

図表付－4　事業別計画－基本戦略

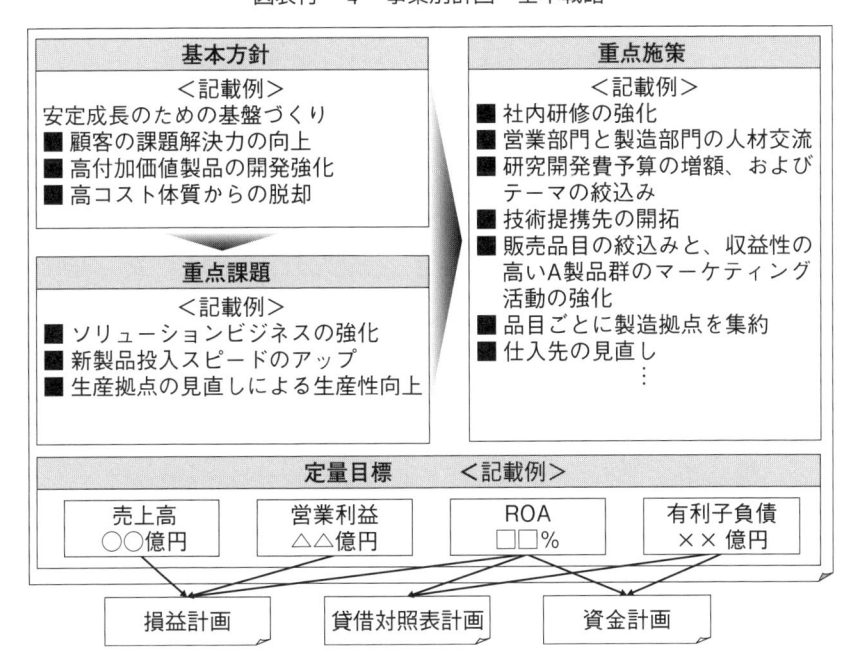

```
┌─────────────────────────────────┬──────────────────────────────────────┐
│           基本方針               │            重点施策                  │
│          ＜記載例＞              │           ＜記載例＞                 │
│ ■ 安定成長のための基盤づくり    │ ■ 社内研修の強化                    │
│ ■ 顧客の課題解決力の向上        │ ■ 営業部門と製造部門の人材交流      │
│ ■ 高付加価値製品の開発強化      │ ■ 研究開発費予算の増額、および      │
│ ■ 高コスト体質からの脱却        │   テーマの絞込み                    │
├─────────────────────────────────┤ ■ 技術提携先の開拓                  │
│           重点課題               │ ■ 販売品目の絞込みと、収益性の      │
│          ＜記載例＞              │   高いA製品群のマーケティング       │
│ ■ ソリューションビジネスの強化  │   活動の強化                        │
│ ■ 新製品投入スピードのアップ    │ ■ 品目ごとに製造拠点を集約          │
│ ■ 生産拠点の見直しによる生産性向上│ ■ 仕入先の見直し                   │
└─────────────────────────────────┴──────────────────────────────────────┘
┌─────────────────────────────────────────────────────────────────────────┐
│           定量目標     ＜記載例＞                                      │
│  ┌──────────┐ ┌──────────┐ ┌──────────┐ ┌──────────────┐              │
│  │  売上高  │ │ 営業利益 │ │   ROA    │ │  有利子負債  │              │
│  │ ○○億円 │ │ △△億円 │ │   □□％  │ │   ××億円    │              │
│  └──────────┘ └──────────┘ └──────────┘ └──────────────┘              │
└─────────────────────────────────────────────────────────────────────────┘
    ┌──────────┐    ┌──────────────┐    ┌──────────┐
    │ 損益計画 │    │ 貸借対照表計画│    │ 資金計画 │
    └──────────┘    └──────────────┘    └──────────┘
```

合に、取引先の経営計画を把握・確認するためのベースとなるものを選んだ。つまり、「事業単位での基本戦略を確認する」、そして「それらが貸借対照表計画・資金計画・損益計画にどのように反映されているかを確認する」「特に損益計画については、ブレイクダウンして、市場別・拠点別・製品群別・組織別に把握・確認する」「設備投資が計画されている場合には、その計画を把握・確認する」というものである。

各計画は独立したものではなく相互に関連している。各ひな型においては、関係の深い主要な計画についても示してあるので、つながりを確認しておいてほしい。

図表付-5　貸借対照表計画（月次推移）

定量目標

	4月	5月	6月	四半期計	7月	8月	9月	四半期計	上半期計	10月	11月	12月	四半期計	1月	2月	3月	四半期計	下半期計	通期計
流動資産																			
当座資産																			
現金および預金																			
受取手形																			
売掛金																			
その他																			
棚卸資産																			
その他																			
流動資産合計																			
固定資産																			
有形固定資産																			
建物																			
建物付属設備																			
構築物																			
車両運搬具																			
土地																			
その他																			
無形固定資産																			
投資その他の資産																			
固定資産合計																			
資産合計																			
流動負債																			
支払手形																			
買掛金																			
短期借入金																			
その他																			
流動負債合計																			
固定負債																			
長期借入金																			
社債																			
退職給与引当金																			
その他																			
固定負債合計																			
純資産の部																			
株主資本																			
資本金																			
資本剰余金																			
利益剰余金																			
評価・換算差額等																			
新株予約権																			
純資産合計																			
負債・純資産合計																			

✓販売計画
✓生産計画
資金計画
損益計画（減価償却費）
設備投資計画
仕入計画
資金計画
損益計画（営業外費用）
資金計画
損益計画（当期純利益）

図表付-6　資金計画（月次キャッシュフロー計算書）

	4月	5月	6月	四半期計	7月	8月	9月	四半期計	上半期計	10月	11月	12月	四半期計	1月	2月	3月	四半期計	下半期計	通期計
当期純利益																			
減価償却費																			
受取利息																			
支払利息																			
売掛債権増減																			
棚卸資産増減																			
仕入債務増減																			
その他																			
営業活動によるキャッシュフロー																			
投融資増減																			
有形固定資産増減																			
無形固定資産増減																			
その他																			
投資活動によるキャッシュフロー																			
フリーキャッシュフロー																			
短期借入金増減																			
長期借入れ																			
長期借入金返済																			
その他																			
財務活動によるキャッシュフロー																			
現金および同等物の増加減																			
現金および同等物の期首残高																			
現金および同等物の期末残高																			

定量目標

✓販売計画
✓損益計画
✓仕入計画
　↑
貸借対照表計画
　↕
設備投資計画
　↕
貸借対照表計画
　↕
貸借対照表計画
　↕
貸借対照表計画

付録　経営計画書のひな型

図表付-7 損益計画（月次推移）

図表付−8　損益計画 {(市場別・製品群別・拠点別) 月次損益計画}

損益計画

市場別・製品群別・拠点別単位にブレイクダウンし、どの市場・どの製品群(どの市場・どの製品群)でどれだけ販売し、どれだけ請け負おうとしているのかを確認する

例として拠点別を記載

		4月	5月	6月	四半期計	7月	8月	9月	四半期計	上半期計	10月	11月	12月	四半期計	1月	2月	3月	四半期計	下半期計	通期計
拠点A	売上高																			
	変動費																			
	仕入高																			
	外注費																			
	燃料費																			
	その他																			
	限界利益																			
	固定費																			
	人件費																			
	減価償却費																			
	その他																			
	営業利益																			
拠点B	売上高																			
	変動費																			
	仕入高																			
	外注費																			
	燃料費																			
	その他																			
	限界利益																			
	固定費																			
	人件費																			
	減価償却費																			
	その他																			
	営業利益																			

...

図表付-9　設備投資計画

対象事業・対象製品		
投資目的	投資金額	立地
投資効果		
投資計画概要		

販売計画概要

生産計画概要

資金計画概要

利益計画概要

<導入スケジュール>

内容	用途	時期	金額

<投資対効果検証>

回収期間法		年
DCF法		円
IRR		%

<キャッシュフロー計画>

		前年度実績	N年度	N+1年度	N+2年度	N+3年度	N+4年度	N+5年度	N+6年度	N+7年度	N+8年度	N+9年度	N+10年度
a	投資金額												
b	売上高												
c	現金支出費用												
d	税引前現金収入(b-c)												
e	法人税(d×40%)												
f	(減価償却費)												
g	タックスシールド(f×40%)												
h	税引後現金収入(d-e+g)												

損益計画 → 貸借対照表計画 → 資金計画 → 生産計画 → 仕入計画 → 販売計画

6　経営計画書からの本書各章の索引

　最後に、図表付―10において、各計画と本書の該当ページの関連を示す。これは、「5　経営計画書のひな型」においてひな型を提示した経営計画に対して、本書ではどの章のどの部分が対応しているかということを示している。

　経営計画書を受領し、検証しようというときの最初の索引として活用いただければ幸いである。

　経営計画書を入手してからが検証のスタートである。本書ならびに付録の内容に従って検証を進めていくと、さらに追加で必要な資料や情報収集を行うべき事項が出てくるであろう。そのような資料や情報については、どんどん情報収集を進め、仮説を想定・確認し、実態把握を進めていってほしい。経営計画書だけでは取引先の経営実態把握はできない。経営実態把握を行うためには、日頃の取引先とのやりとりのなかで生の情報をつかんでいくことが重要であり、また、取引先より情報をいただくことができるような経営者・経営幹部・各部門のキーマンとの関係づくりが重要である。

　それらの活動を継続的に行うことが本書のテーマである取引先の経営実態把握の向上につながり、さらには金融機関の取引先に対するサポートの質的向上と金融機関と取引先の関係強化にもつながっていくと考える。

図表付-10 経営計画からの本書の索引

計画の種類	確認・検証の着眼点	本書における主な記載箇所
事業別計画―基本戦略	✓該当事業における計画の方向性を確認する ✓企業の認識している重要な課題を認識する ✓課題を解決するための主な施策を確認する ✓具体的な数値目標を確認する	✓第2章1　企業の全体像の把握　12頁～20頁 ✓第2章4　経営計画の把握　36頁～40頁 ✓第2章5　経営計画の実行管理の体制・仕組みの把握　40頁～53頁 ✓第3章　外部環境の把握　59頁～76頁 ✓第4章　成長戦略の確認と蓋然性の検証　77頁～92頁
貸借対照表計画 （月次推移）	✓貸借対照表の月次での推移を確認する ✓資金計画や損益計画と照らし合わせることで、資産や負債の動きの背景を確認する	✓第2章1　企業の全体像の把握　12頁～20頁 ✓第2章3　過去・現在の経営成績の分析上のポイント　27頁～36頁 ✓第7章3　設備投資の必要性・経営計画への影響の把握　136頁～140頁 ✓第8章4　資金の流れから経営計画を検証する　148頁～150頁

170

項目	内容	該当章・頁
資金計画 （月次キャッシュフロー計算書）	✓月次ベースでの資金の動きを確認する ✓貸借対照表計画や損益計画との突合せを行い、資金計画にどのように反映されているか、を確認する ✓貸借対照表計画や損益計画との突合せを行い、経営計画の蓋然性を検証する	✓第8章 資金計画の検証　143頁〜153頁
損益計画 （月次推移）	✓月次ベースでの損益の推移を確認する ✓売上・原価・費用の根拠を確認し、蓋然性の検証を行う	✓第2章 1 企業の全体像の把握　12頁〜20頁 ✓第2章 3 過去・現在の経営成績の分析上のポイント　27頁〜36頁 ✓第4章 成長戦略の確認と蓋然性の検証　77頁〜92頁 ✓第5章 売上計画の蓋然性の検証　93頁〜106頁 ✓第6章 費用計画・原価低減計画の検証　107頁〜128頁
損益計画 （市場別・製品群別・拠点別）月次損益計画	✓市場・製品群・拠点などの切り口により、損益計画を構造展開する ✓どの「市場・製品」群・顧客」に対して、どの「事業・製品」群の売上を、どれだけ増やしていくのかを確認し、蓋然性を検証する	
設備投資計画	✓設備投資に関連するリスク要因を検証する ✓設備投資が企業に与える影響を検証する	✓第7章 設備投資と経営計画の関係の確認　129頁〜142頁

おわりに

　金融機関も弊社のようなコンサルティング会社も、「利益をあげるには、まずお客様の利益をつくらなければならない」という面では同じです。お客様が利益をあげない限りは金融機関が継続的に利益をあげることはできません。

　本書のテーマである「経営実態把握」に関連して次の2点をご紹介します。
1　（経営者の）能力や経験ではなく、姿勢をみる
2　実践力をあげるために弊社（アットストリーム）はどのようにしているか

1　（経営者の）能力ではなく、姿勢をみる

　本書は、「過去をみる」「現在をみる」「将来をみる」という3つの視点で経営実態を把握する方法を示しています。過去の積重ねが現在の姿になっており、現在の姿は将来の姿の足かせになることもあれば、飛躍のジャンプ台になることもあります。

① 戦略よりもオペレーション

　日常のオペレーションが脆弱な会社が生き残ることはありません。戦略とは"勝ち方"を具体化したものであり、「戦略の計画」と「戦略の実行」の2つの側面があります。「戦略の計画」の側面は外部からはみえにくいものですが、「実行できる力があるか否か」は日常のわずかな兆候から垣間みることができます。

・電話窓口から聞こえてくる対応の良し悪しで、会社の管理レベルがわかる。
・さらに、事務所を訪問した折に、社員が挨拶をしなかったり、沈滞した雰囲気の会社が成長することはない。
・応接室で面会する役員や社員の発言や行動に覇気がないのは、会社にそれ

なりの問題が内在している証左である。
・もちろん、現場の整理整頓ができていない会社は、すでに途上国の企業にすら負けている。

これらはすべて経営者の力量を映し出しており、会社の「蓄積した社風」を反映しています。

オペレーションのまずい会社が勝ち残る例はありません。やがて、戦略はライバルからみえるようになり、勝敗はオペレーションの巧拙に移ります。

② 「考える」よりも「書く」

饒舌な経営者がいます。話のうまい管理担当役員もいます。しかし、大事なことは、たとえ箇条書きでもよいので、「書いたもの」があるかどうかです。

「考える」と「話す」の間には大きな思考の谷があります。さらに「書く」ことによって思考は深まり、いままで話していたことが、実は非現実的で合理的な戦略ではないことがわかります。

経営者や経営幹部の話を聞いたら、「そのお話の計画書をいただけますか？」という問いかけや、「いまのお話をまとまった書面でご説明いただきたい」と要求することが重要です。そのことが経営者や経営幹部のために役立つことも同時に説明すればよいでしょう。

貴方を「うるさい存在だが、ありがたい存在だ」と思っていただくことが重要で、そのことが貴方と経営者や経営幹部との間の"緊張感のあるよい関係"をつくることにつながります。

③ 「変化しない」よりも「変化する」

変化を試みて投資に失敗し窮地に陥りニュースになる、というケースがあります。しかし、最も多いケースは変化をしないことによって、徐々に縮小し生きながらえる会社です。この場合はニュースにもなりません。徐々に悪化するのは戦略の失敗よりも問題が大きいのです。

融資金額の大きい取引先が、何も手を打たずに過去の資産でのみ生きなが

らえている状態の場合には、何よりも利益を生み出す方向にもっていかなければなりません。そのための経営実態把握と指導は最も裾野の広い分野です。

④ 「貸す」よりも「貸さない」

お金を貸す活動は金融機関の社内を向いています。貸しても大丈夫、貸せば優良な貸出になるとの説明をすることになります。

貸さない活動は経営者を向いています。なぜ貸さないのか？　を経営者に説明することは最も現実を見据えた会話になります。経営者と向き合い、「貸さない」を「貸す」に変えるには、双方が経営実態を共有し、お金を使うことに経済合理性があるか否かを問いかけることになります。この「貸さない」に向き合う経営者や経営管理者がいる会社は期待がもてます。同じく、「貸さない」を正面から説明し、付き合う金融関係者は、顧客から深く信頼されるでしょう。

⑤ 「個人」よりも「経営実態」

特に中小企業や中堅企業の経営成果は、経営者個人の資質や経営管理能力に依存しがちです。これを見極めることが重要だという人がいますが、個人を過大評価してはいけません。経営者個人の資質を見極める手法は確立していないし、経営者個人も時とともに変化します。

経営者が行っていること、計画していることを通じて、経営実態を把握し、評価をすることが重要です。経営実態把握の原理原則が重要であるわけがここにあります。

2　実践力をあげるためにアットストリームが行っていること

コンサルティング会社としてユニークな存在になっている当社は、事業構造改革や再生支援において、実践に強い会社として評価されています。

① 多様な人材の「動物園」をつくる

会計・税務コンサルティング会社は公認会計士や税理士で構成されています。生産コンサルティング会社はモノづくりのコンサルタントで構成されて

おわりに

います。ITコンサルも然りである。ITコンサルティング会社が、公認会計士を採用しようとしても、それが社内で主流ではないために、よい人材が集まらないし、育成もできません。

　弊社の特徴は4つの人材カテゴリーのミックスで成り立っていることです。
・公認会計士を含む会計系の人材
・製造業経験者などを含む生産系の人材
・マーケティングなど営業系の人材
・情報システムに精通したIT系の人材

　創業時にこの4つのカテゴリーの人材で会社を立ち上げたことにより、それぞれの人材をバランスよく拡大することができました。

　企業を多方面から分析し、改革改善を進める混成チームをつくることが実践的なコンサルティングを可能にしています。

② 　お客様が発表し、相互に啓発する

　コンサルティング会社はお客様の情報を開示することはできません。職業としての倫理でもあるし、個別に守秘義務契約を交わしています。信頼性の証はこれらを遵守する仕組みと運用の実態が整っていることです。

　毎年、12月に行っている弊社のセミナーには150名以上のお客様ほか関係者が参画し、お客様のご発表を聞き、情報交換する場になっています。すでにプロジェクトが完了して5年を経過している企業の経営者も参加されます。生きた事例が実践的なコンサルティングを可能にしています。

③ 　グローバルな視点と仕組みで経営実態を把握し、課題を解決する

　国内事業と思われている企業でも、そのビジネスはグローバルな経済情勢や競争環境に左右されます。進出先もアジアを筆頭に広く世界に広がっています。リスクもチャンスも国内だけにとどまらないのが現在の経営実態です。

　弊社は長く中国でのビジネスを展開してきました。さらにサンノゼに子会社をつくり、まずは日中米の連携の体制を整えました。

本書の執筆者は、混成チームで鍛え、お客様との協業の場で鍛え、さらにお客様のグローバルな経営展開のなかで自らを鍛えてきました。
　実践で鍛えてきた経営実態の把握の考え方と手法は、必ず金融機関の第一線でお役に立つと自信をもってお勧めいたします。

2009年10月

　　　　　　　　　　　株式会社アットストリーム　　平山　賢二

■執筆者紹介

大工舎　宏　　Hiroshi Daikuya
アーサーアンダーセン ビジネスコンサルティング（現プライスウォーターハウスクーパースコンサルタント）を経て、2001年に㈱アットストリームを共同設立。現在、同社共同経営者。
事業戦略・事業構造改革ならびに各種経営管理制度の企画・推進、構造改革に伴う各種変革活動の実行・定着の支援が主な専門。公認会計士。

吉野　愼祐　　Shinsuke Yoshino
東レ㈱、朝日監査法人（現あずさ監査法人）、個人事務所経営を経て、㈱アットストリームに参画。
財務構造分析・収益構造分析、財務・事業デューデリジェンスの企画・推進、事業構造改革・事業再生に伴う財務計画・事業計画の企画・推進が主な専門。公認会計士。

加藤　風貴　　Fuki Kato
フィリップ モリス ジャパン㈱を経て、㈱アットストリームに参画。
マーケティング戦略・ブランディング戦略・販売戦略の企画・推進、事業の外部環境分析に基づく戦略立案が主な専門。

森岡　文廣　　Fumihiro Morioka
㈱東京三菱銀行（現㈱三菱東京UFJ銀行）、アーサーアンダーセン ビジネスコンサルティングを経て、㈱アットストリームに参画。
事業戦略・事業構造改革の企画・推進、業績評価制度・管理会計制度・原価管理制度等の各種経営管理制度の企画・推進が主な専門。

川原　拓馬　　Takuma Kawahara
商工中金を経て、㈱アットストリームに参画。
財務構造分析・収益構造分析、事業戦略・マーケティング戦略・事業構造改革の企画・推進が主な専門。

加納　由紀子　　Yukiko Kano
㈱船井総合研究所、アーサーアンダーセン ビジネスコンサルティング、トーマツコンサルティング㈱（現デロイトトーマツコンサルティング㈱）を経て、㈱アットストリームに参画。
マーケティング戦略・販売戦略の企画・推進、流通・小売・外食・サービス業における事業戦略・事業構造改革の企画・推進が主な専門。

平山　賢二　　Kenji Hirayama
製造業の管理職を歴任後、㈱日本総合研究所（現 SMBC コンサルティング㈱）を経て、アーサーアンダーセン ビジネスコンサルティング西日本代表に就任。2001年に㈱アットストリームを共同設立し、代表取締役に就任。現在、同社代表取締役。
製造業を中心とした事業戦略・事業構造改革・生産拠点戦略の企画・推進、生産・ものづくり改革の企画・推進、グローバル経営管理制度の企画・推進が主な専門。

株式会社アットストリーム　　＠Stream Corporation
新たなスタイルのコンサルティングを実践すべく、アーサーアンダーセン ビジネスコンサルティングの西日本責任者およびマネジャーを中心に2001年7月に設立。「最もクライアントに信頼されるブティックコンサルティングファーム」を目指す。国内では東京・大阪・名古屋に拠点を展開。米国カリフォルニア州に米国子会社を設立し、グローバル企業を対象としたサービスも展開。
URL：www.atstream.co.jp
問合せ先：info@atstream.co.jp

金融機関のための
取引先企業の実態把握強化法
――経営計画から企業の本当の実力がみえてくる

平成21年11月13日　第1刷発行

著　者　株式会社アットストリーム
発行者　倉　田　　　勲
印刷所　株式会社太平印刷社

〒160-8520　東京都新宿区南元町19
発　行　所　社団法人　金融財政事情研究会
　　　　編集部　TEL 03(3355)2251　FAX 03(3357)7416
販　　売　株式会社きんざい
　　　　販売受付　TEL 03(3358)2891　FAX 03(3358)0037
　　　　URL http://www.kinzai.co.jp/

・本書の内容の一部あるいは全部を無断で、複写・複製・転訳載すること、および
　磁気または光記録媒体、コンピュータネットワーク上等へ入力することは、法律
　で認められた場合を除き、著作者および出版社の権利の侵害となります。
・落丁・乱丁本はお取替えいたします。定価はカバーに表示してあります。

ISBN 978-4-322-11525-3

〈第11次〉業種別審査事典 [全9巻]

日本の全産業、全業種を網羅、徹底分析した"業界情報の宝庫"！！

〈第11次の特色〉
◎全国の金融機関、シンクタンク、実務家のノウハウを結集した全面刷新版。新規業種を約170追加！
◎日本の全産業、全業種（1290業種）を網羅、徹底分析した"業界情報の宝庫"
◎昨今の業界動向や最新の業務・商品知識など業種特性を反映した情報も満載！
◎各業種特有の取引慣行や流通経路の把握等にも大変便利！
◎金融機関の与信審査のチェックポイントがよくわかります。
◎全国の金融機関やコンサルタント、企業はもとより、官公庁、税務署、大学などでも幅広く活用されています。

第1巻	農業・畜産・水産・食料品・飲料分野
第2巻	紡績・繊維・皮革・生活用品分野
第3巻	木材・紙パ・出版・印刷・化学・エネルギー分野
第4巻	鉄鋼・金属・非鉄・建設・環境・廃棄物処理・レンタル分野
第5巻	機械器具（一般、電気・電子、通信、精密、輸送）分野
第6巻	不動産・住宅関連・ペット・飲食店分野
第7巻	サービス関連（情報通信、広告、コンサルタント）・学校・地公体分野
第8巻	美容・化粧品・医薬・医療・福祉・商品小売・金融分野
第9巻	サービス関連（運輸、旅行）・スポーツ・レジャー・娯楽分野

B5判・箱入・各巻1,200ページ　各巻 16,400円（税込み）
全9巻セット 147,600円（税込み）